Georg Magirius

Gesänge der Leidenschaft

Georg Magirius

Gesänge der Leidenschaft

Die befreiende Kraft der Psalmen

Claudius

Georg Magirius

Jahrgang 1968. Der evangelische Theologe, ausgebildete Pfarrer, Journalist und Schriftsteller gilt als der poetischste unter den spirituellen Autoren. Mitreißend und sprachgewaltig, aber doch ganz einfach und klar findet er in seinen Büchern neue, ungewöhnliche Zugänge zu Theologie und Glaube. Er begeistert mit seinen Konzertlesungen, in denen er gemeinsam mit der Harfenistin Bettina Linck Literatur, biblische Texte und Musik auf geniale Weise zu einem Gesamtkunstwerk zusammenführt.

MIX
Papier aus verantwortungsvollen Quellen
FSC® C083411
www.fsc.org

Mehr Bäume. Weniger CO_2.
www.cpibooks.de/klimaneutral

Bibliografische Informationen Der Deutschen Nationalbibliothek
Die Deutsche Nationalbibliothek verzeichnet diese Publikation in der Deutschen Nationalbibliografie; detaillierte bibliografische Daten sind im Internet über <http://dnb.d-nb.de> abrufbar.

Birkerstraße 22, 80636 München
www.claudius.de

Umschlaggestaltung: Mario Moths, Marl
Umschlagfoto: Marc Chagall, König David, 1951, Detail. Öl auf Leinwand, Centre Pompidou, Paris, en dépot au Musée national Marc Chagall, Nizza, ©VG Bild-Kunst, Bonn 2014
Autorenfoto: © Jule Kühn
Layout: Mario Moths, Marl
Druck: cpi – Clausen & Bosse, Leck

ISBN 978-3-532-62467-8

Inhalt

Sehnsucht nach dem großen Glück

Vorwort

Wer betet, kann Erleichterung erfahren. Nur wird man sie kaum in den Wortansammlungen finden, mit denen man sich klein, brav und stets gefügig zeigt. Ich glaube vielmehr: Die Psalmen können einem heute eine starke Stimme geben. Sie läuten das Ende der Verkrampfung ein, sind voller Begeisterung. Sie übergehen auch die Unruhe nicht und können dadurch eine tiefe Ruhe bescheren. Denn wer den erschütternd schönen oder erschreckenden Erfahrungen Stimme gibt, wird neuen Atem finden.

Aber hilft ein weit über zweitausend Jahre altes Buch wirklich, heute Frieden zu finden? Die Psalmen sind zwar bestechend schön, aber befremden auch. Da lauern Gefahren. Unrecht und Zusammenbrüche werden nicht verdrängt. Die Wut auf Menschen und auf Gott kommt ungebremst zur Sprache. Ich glaube: Wer sich der Klage aussetzt, wird ein Gespür für den überfließenden Jubel finden. Er ist auf dem Weg aus der Enttäuschung heraus zur Freude.

Dieses Buch informiert über Sprache, Aufbau, Entstehung

und wichtige Themen der Psalmen. Den Überschwang der Lieder aber werde ich nicht belächeln, sondern ehren. Denn darum geht es vor allem: um eine Leidenschaft, die ermutigt, die Sehnsucht nach Gott, dem großen Glück, nicht aufzugeben.

Georg Magirius

Sturmwind der Gefühle

Die Sprache der Psalmen

Das Buch der Psalmen heißt zu Deutsch: Das Buch der Lieder. Der Name lässt ahnen, wohin dieses Buch locken will. In eine Landschaft jenseits der Welt der Lexika, der langen Reden und trockenen Theorien. Mich umgeben viel zu häufig Wüsten, die mich zwingen, durch den Sand der Informationen zu wandern. Es wird diskutiert, man sammelt Wissen, weiß Bescheid und brüstet sich. Wenn ich Zeitungen aufschlage, mich im Internet von Seite zu Seite weiterklicke, springen mich Zahlen an. Seite um Seite taucht vor meinen Augen auf. Datenautobahnen wollen mich versorgen. Ich stoße auf Erklärungen, die kein Ende nehmen. Natürlich, in dieser Welt der Informationen gilt es mitzuhalten. Ich kombiniere, ziehe Schlüsse, hoffe wie alle anderen, möglichst gut Bescheid zu wissen.

Das ist allerdings nicht einfach, da die Betriebstemperatur dabei nicht steigen soll. Es gilt, die Fassung niemals zu verlieren. Die ungeschriebene Regel in dieser Welt lautet: Sei souverän und umhülle dich mit dem Mantel der Unantastbarkeit. Wer keine Gefühle zeigt, gewinnt. Beherrsche deine Stimme, sei immer sachlich. Und hebe deine Nase. Ausgefallene Töne fallen nur auf. Ein Ton in sanfter Mittellage wird gewünscht. Ich erlebe ihn bei Arbeitssitzungen und Empfängen. Auch bei Familienfeiern, bei Freunden und Partys breitet er sich aus. Er tritt auf, wenn Reden geschwungen werden – wobei das Wort „Redeschwingen" diesen Ton schlecht charakterisiert. Denn all diese Worte sind nicht so schwungvoll, wie die Formulierung es vermuten lässt. Es ist vielmehr ein Sprechen, bei dem sich Formel an Formel reiht. Nur nicht sich selber zeigen. Kein Beschleunigen, kein Verzögern, weder laut noch leise. Wenn es lebendig wird, klingt das oft wie antrainiert. Politiker versehen jedes Wort, das sie sprechen, gern mit einem Hammerschlag. Geschäftsmäßige Begeisterung. Ansonsten erlebe ich Durchschnittstempo. Nur nicht die Kontrolle verlieren. Denn das könnte am Ende in eine ungesicherte, aufregende und geheimnisvolle Welt locken. Nach ihr sehne ich mich.

Ich hoffe, sie in Religion und Kirche zu entdecken. Wo sonst müssten die Masken fallen dürfen. Ehrliche Gefühle, Extreme des Lebens brauchen vor der Kirchentür nicht abgegeben zu werden. Den Ton des Risikos vermisse ich allerdings auch hier. Man ist sich sicher. Oder aber man sucht nach Sicherheit – was ich nicht beklage. Wozu ist der Glaube sonst da, als dass er beim sehnsüchtigen Suchen hilft? Nur vermisse ich bei dieser Suche nach Geborgenheit oft jeden Mut. Nach den ersten in einer unbekannten Gegend zurückgelegten Metern vergewissert man sich wieder dessen, was üblich ist. Das Gewohnte wird hervorgeholt. Man bricht die Suche ab. Und dann plätschert es wieder: „Hat es nicht jeder von uns schon einmal erlebt", „sehen wir auf unser Leben", „in der Bibel steht", „Gott meint es gut."

In Gottesdiensten fällt ein bestimmter Gebetsklang auf. Eingangs wird Gott angesprochen – in der Folge aber wird von ihm gar nichts verlangt. Warum wird er dann angerufen? Oft handelt es sich um als Gebete getarnte Informationen. Doch höre ich kein Verlangen, keine große Sehnsucht. Eine in Richtung Gott geworfene Hoffnung findet sich kaum. Bei vielen Gebeten schwingen zwischen den Zeilen Bitten mit, die nicht etwa an Gott, sondern an einen selbst, die anderen, am besten an alle Menschen gerichtet sind. Manchmal wird es sogar direkt gesagt: „Sollten wir unser Leben nicht besser führen?" Gott wird zum Zeugen degradiert, der mithören soll, was Menschen untereinander zu bereden haben.

Wie selten wird geklagt, geschimpft, gejammert. Wie selten wird gejubelt. Kein Schall und keine Resonanz. Alles ist wohltemperiert – nicht nur in den Gebeten. Der Glaube soll auf den Gleisen der Richtigkeit dahinfahren, wird in bekannte Formeln gesteckt. Das klingt mir zu oft nach schlechtem Katechismus. Keine Vereinfachung des Glaubens ist das, was der eigentliche Sinn eines Katechismus ist, sondern die Beschränkung des Lebens auf wenige Sätze. Wer sie immer wieder aufwärmt, wird sich die Finger nicht verbrennen. Überschaubar ist das, gefahrlos, aber nicht lebendig. Und musikalisch schon mal gar nicht.

Aber die Psalmen, das Buch der Lieder? Das schlägt andere Saiten an. Auch die Psalmen sind Gebete, aber solche, die als Lieder klingen. Die Überschriften enthalten Anweisungen zum Singen, Ratschläge zum rechten Musizieren. „Ein Psalm Davids, vorzusingen, beim Saitenspiel auf acht Saiten." (Psalm 6) Die Psalmen sind nicht nur Gesang, sie wollen in Bewegung bringen: „Eine Unterweisung Davids, vorzusingen, zum Reigentanz." (Psalm 53) Geheimnisvoll sind die Namen der Melodien, nach denen diese Lieder klingen: Es gibt Gesänge nach der Weise „Schöne Jugend" (Psalm 9), nach der Weise „Die Hirschkuh, die früh gejagt wird" (Psalm 22), oder auch nach der Weise „Lilien, ein Brautlied" (Psalm 45).

Spuren davon, dass die Psalmen Lieder sind und eine besondere Sprache haben, sind heute noch zu finden. Vielleicht weniger, wenn Psalmen gemeinsam im Gottesdienst gesprochen werden. Mühsam suche ich mich mit den anderen Besuchern auf ein Sprechtempo zu einigen. Dann ist der Psalm zu Ende rezitiert, die Gemeinde setzt sich – und ich habe so gut wie nichts erlebt. Was hängen bleibt: dass ich beim Sprechen nichts von einem musikalischen Überschwang bemerkte.

Welch ein Reichtum in den Psalmen steckt, ahne ich eher schon beim gregorianischen Mönchsgesang. Mönche und Nonnen rezitieren Psalmen anders. Sie sprechen weniger als dass sie den Atem klangvoll strömen lassen. Aber noch auf andere Weise begegne ich der Macht der Psalmen. Bis in die Gegenwart inspirieren sie Komponisten und Dichter – unabhängig davon, ob sie christlich sind. Wenn man diese Gedichte liest und ihre musikalischen Werke hört, kann man spüren: Die Psalmen leben vom Feuer der Gefühle. Kaum eine Chormusik ist mir bekannt, die so mitreißt und ergreift wie die Vertonungen von Psalmen.

Doch welche Kraft Psalmen haben, kann sich auch im gewöhnlichen Kirchenleben zeigen. Wenn sich Menschen zu Trauung, Taufe, zu festlichen Gelegenheiten einen Spruch aussuchen, dann werden sie häufig im Buch der Psalmen fündig. Wenn bei Beerdigungen kaum ein Wort dem in der Luft hängenden Schmerz entgegentreten kann, dann gelingt es oft einem Psalm, die Trauer aus der drohenden Sprachlosigkeit herauszulocken.

Bei den Psalmen handelt es sich nicht um ein Plätschern. Es ist ein Brausen, ein Konzert der Stimmen. Einer fleht. Gott spricht. Zu anderen wird von Gott geredet. Eine ganze Gruppe singt. Gegner, Lügner, Feinde höhnen. Freunde trösten, königliche Idole treten ins Rampenlicht – und vieles davon passiert in einem Psalm zugleich. Die Fülle der Gefühle tritt auf, und zwar ungeschminkt: höchstes Glück, Todesverlassenheit, ein Wimmern und ein Klagen, Zerschlagenheit, Röcheln, zartes Hoffen, grenzenloser Jubel, Verzweiflung und immer wieder Aggressionen gegen Gegner, Mächtige und Menschen, die die Intrige pflegen.

Aber auch ein großes Schimpfen auf Gott höchstpersönlich ist zu hören. Gott ist kein feiner Pinkel, den man nicht belästigen dürfte. Nein, die Psalmen beten, rufen ihren Schmerz und ihre Sehnsucht zu Gott, dessen sie sich nicht sicher fühlen. Und den sie deshalb mit großen Gefühlen schmeicheln oder auch bedrängen.

Aber ist das dann überhaupt noch Musik? Ja, aber es ist kein sanftes Klingen. Klagende, abgrundtiefe, himmelhoch jubelnde Klänge haben sich im Buch der Psalmen vereinigt. Kein frommes Allerlei ist das, sondern radikal ehrliche, menschliche und rebellische Klänge. Die Psalmen entfachen einen *Sturmwind der Gefühle*. Das ist ein Bild, das Martin Luther für die Psalmen gefunden hat. Für ihn handelt es sich bei ihnen um eine Kurzform des Christentums. Warum er so begeistert war? Auch seine Sprache bewegte sich nicht in ruhiger Mittellage. Vielleicht war das der Grund: Luther war nicht nur Theologe, sondern auch ein großer Dichter, ein Musiker, Komponist vieler Lieder. Vielleicht das höchste Lob, das seiner Bibelübersetzung gilt: Sie entfaltet sich als Klang. Er übersetzte so, dass die Bibel auch im Deutschen rhythmisch, bildkräftig und kernig blieb. Sie ist Musik geworden. Wer sie laut liest, kann ihre Musikalität entdecken. Was er an den Psalmen besonders schätzte: ihren Verzicht auf Süße und Langatmigkeit. Diese Eigenschaften müssen damals bereits viele Andachtsbüchlein durchzogen haben. Wer diese Büchlein jedoch geschlossen hält und sich stattdessen mit nur ein wenig Ernst auf die Psalmen einließe, wirbt Luther, „der wird gar bald den andächtigen Gebetlein Urlaub geben und sagen: ach, es ist nicht Saft, Kraft, Brunst und Feuer, die ich im Psalter finde, es schmeckt mir zu kalt und zu hart."

Psalmen sind keine Gebetlein, sondern großartige Gebete. Sie sind nicht kalt, sondern voller Feuer. Aber sie haben – ungeachtet der Heftigkeit ihrer Gefühle – eben auch etwas Weiches. Sie sind nicht steinhart, sondern laden ein. Befreiend wirken sie, weil sie Dichtung sind. Damit ist keine abgehobene, weltfremde Künstlichkeit gemeint, keine Poesie, die die Welt ausblendet und sich selbst genügt. Es handelt sich vielmehr um eine Sprache, die nah am Alltag angesiedelt ist. Kennzeichen ist ihre Bilderfülle. Anders als viele Gedichte, die wir heute kennen und deren Verse durch einen klingenden Reim verbunden sind, reimt die hebräische Dichtung mit Bildern. „Da erwachte der Herr wie ein Schlafender, wie ein Starker, der beim Wein fröhlich war." (Psalm 78,65) Bild eins reimt sich mit Bild zwei. Das heißt: Das Bild aus dem ersten Teil des Verses wird im zweiten

Teil variiert, verändert, gewendet und weitergeführt. Bibelausleger haben diese Art des Bilderreimens gelegentlich als primitiv bezeichnet. Denn da werde Gleiches mit ähnlichen Worten doch nur wiederholt. Langweilig sei das.

„Da erwachte der Herr wie ein Schlafender, wie ein Starker, der beim Wein fröhlich war", das meine doch nichts anderes, als dass Gott handelt, nachdem er eine Zeit lang verborgen schien. Warum bedürfe diese Aussage so viel bildlichen Drumherumredens? Ich halte diese Argumentation für kläglich. Sie weiß nichts von der ungeheuren Macht der Bildersprache. Bilder lassen sich nicht umzäunen, man kann ihrer nicht habhaft werden, sie werden nie Besitz. Solche Sprache lockt stattdessen in die Offenheit. Denn die angebotenen Bilder lassen sich mit eigenen Farben weitermalen. Dabei hilft der Bilderreim, weil er der Fantasie immer neue Nahrung gibt. Gott, um bei dem Zitat aus Psalm 78 zu bleiben, erwacht wie ein Schlafender. Da habe ich vor Augen, wie sich jemand rekelt, die Augen reibt, jetzt auf der Bettkante sitzt und beginnt, Morgengymnastik zu machen. Doch damit nicht genug: der Psalm gibt dann neue Nahrung und variiert das Bild durch den Vergleich mit dem Starken, der beim Wein fröhlich war. Ich male an dem Bild also weiter und sehe vor meinen Augen, wie der Kopf des Erwachenden noch brummt – und weiß zugleich, dass er fröhlich war und viel Wein getrunken hat. Der Erwachende muss einen Sinn für Feste haben, er ist jemand mit großem Herz, ein Starker, auf dessen Wachheit ich jetzt hoffen darf.

Das sind Bilder, die sich bei mir regen – andere denken sich ganz anders in den Bilderreim hinein. Aber dass sie es auf je persönliche Weise können, ist ein Verdienst dieser Poesie mit

Bildern. Sie ist nicht primitiv, sondern den Menschen zugewandt. Denn sie überfrachtet einen nicht mit Informationen, Ratschlägen und Meinungen, sondern lockt in ein Schauen mit immer neuen Perspektiven. Erholsam und befreiend ist das, empfand auch Ludwig Strauss, ein deutsch-jüdischer Dichter des 20. Jahrhunderts. Er hat die Faszination der hebräischen Bildersprache selbst mit einem Bild beschrieben: „Das biblische Gedicht ist ein lebendiger Raum, in den du eingehen kannst wie in den Schatten eines uralten, mit dem Wind des Himmels redenden Ölbaumes."

Dieses Eingehen in die Welt der Poesie ist kein passives Schauen, wofür auch eine weitere Eigenart der Psalmensprache sorgt: Die kurzen Hauptsätze, die meist unverbunden aufeinander folgen. So reiht sich Bild an Bild – den roten Faden, der die Bilder verbindet, muss der Hörer selber finden. Ich genieße das. Denn die Psalmen kauen mir nichts vor, sie engen mich nicht ein. Sie erklären nicht alles bis ins letzte Detail, sondern locken mich mit ihren Bildern. Den Weg von Bild zu Bild, von Aussage zu Aussage darf ich selber suchen. Das ist auch der Grund, warum Psalmen sich im Vergleich etwa zur Zeitungssprache immer wieder lesen lassen. Während die eine für den Verbrauch gedacht ist und nach einmaligem Lesedurchgang vergilbt, wird die Sprache der Psalmen niemals blass. In ihren Bildern sehe ich immer neue Facetten und verkette sie somit in einer immer neuen Weise.

Die Sprache des Psalters ist meisterhaft. Da verwundert es nicht, dass die Psalmen selbst die Sprache zum Thema haben. Mit feinem Gespür wird sie betrachtet und kommentiert. Die Psalmen wissen, welche befreiende, aber eben auch bedrückende Macht Worte haben können. Die Beter der Psalmen leiden unter einem Sprechen, mit dem Menschen andere bekriegen, denn diese lästern und „spotten immerfort und knirschen wider mich mit ihren Zähnen." (Psalm 35,16) Natürlich: Worte sind keine Gegenstände, sie sind keine Waffen im materiellen Sinne. Naiv aber, wer ihre Wirkung unterschätzt. Denn Worte können schärfer sein als Messer. „Ihre Zähne sind Spieße und Pfeile und ihre Zungen scharfe Schwerter." (Psalm 57,5) Es gibt Menschen, die schmeicheln und reden mit lieber Stimme, in Wahrheit aber wollen sie gewinnen und herrschen. Und wer sie nicht gewähren lässt, den räumen sie auf raffinierte Weise aus dem Weg. „Ihr Mund ist glatter als Butter, und haben doch Krieg im Sinn; ihre Worte sind linder als Öl und sind doch gezückte Schwerter." (Psalm 55,22)

Wer solchen Angriffen ausgesetzt ist, könnte verstummen, fliehen, sich geschlagen geben. In den Psalmen hoffen die Angegriffenen auf Hilfe. Sie sehnen sich nach einer Sprache, die sie aus dem drohenden Verstummen holt und schützt. Keine Sprache der Genügsamkeit ist das, sondern eine, die singt, euphorisiert und für Furore sorgt. Eine, die aus der Angst ins Freie lockt. Auf sie hoffe ich, wenn ich geschockt bin von der Brutalität und Hinterhältigkeit mancher Wortangriffe. Schnell werde ich stumm. Vergeblich suche ich nach einer Parade, nach einer Antwort, mit der ich mich wehren könnte, die intelligent, schlagfertig und zugleich witzig ist. Worte, die wie nebenbei verkünden: „Ich halte mit euch mit." Doch mein Mund bleibt trocken. Statt mich zu wehren, beginnt mich die Sprache derer, die mich in den Schatten stellen, anzuekeln. Nein, ich will nicht mit gleichen Waffen parieren. Ich hoffe stattdessen auf eine Ge-

gensprache, die mir Kraft verleiht. Jedoch: Ich kann sie nicht selbst erschaffen. Ich kann ihr aber lauschen.

Wenn sie mich ergreift, dann ist das himmlisch. Sie richtet mich vom Boden auf. Das ist die Sprache, der die Psalmen anhängen. „Sprache Gottes" wird sie genannt. Sie ist göttlich, weil sich ihre Kraft und Schönheit nicht erzwingen lässt. Ich kann sie nur bestaunen und mich schützend in sie hüllen. Sie führt heraus aus Erstarrung und Kälte. „Gott sendet sein Gebot auf die Erde, sein Wort läuft schnell. Er sendet sein Wort, da schmilzt der Schnee; er lässt seinen Wind wehen, da taut es." (Psalm 147,15.18) Doch diese Sprache kann nicht nur sprinten, sie führt nicht nur aus Eiseskälte. Gottes Sprache hat überdies nichts Doppelbödiges. Sie ist anders als die Sprache der Unterdrücker, sie ist ungefälscht – „wie Silber, im Tiegel geschmolzen, geläutert sieben Mal." (Psalm 12,7) Sie schmeckt köstlich, kaum auszudenken fein, „süßer als Honig." (Psalm 119,103) Ich dürste nach dieser befreienden und honigsüßen Sprache, vielleicht nicht anders als die Psalmen, die sie immer wieder neu erflehen. Und ich hege den Verdacht: Am Ende sind die Psalmen selbst in den Klangraum dieser göttlichen Sprache eingetreten. Gesänge der Leidenschaft, in denen das erfrischende Brausen Gottes zu ahnen ist. Und ich beschließe: Ich werde wandern, hinein in diese Landschaft, bis mich dort der Atem Gottes findet und durchweht. Dann will ich mit neuer Stimme singen, vielleicht nach der Weise Davids, dem das Buch der Lieder den Psalm 29 zugeschrieben hat.

Psalm 29

Ein Psalm Davids.

Bringet dar dem HERRN, ihr Himmlischen,
bringet dar dem HERRN Ehre und Stärke!
Bringet dar dem HERRN die Ehre seines Namens,
betet an den HERRN in heiligem Schmuck!

Bringet, bringet, bringet – drei Mal ermuntert der Psalm, Gott etwas zu bringen. Das erinnert an ein Fest, bei dem die Gäste mit Geschenken, mit Essen, Weinflaschen und Säften kommen, damit es beim Tafeln an nichts fehlt. Und in der Tat: In heiligem Schmuck, im Festgewand, soll gefeiert werden, ermuntert dieses Lied. Der Anlass? Gefeiert wird die Sprache Gottes.

Die Stimme des HERRN erschallt über den Wassern,
der Gott der Ehre donnert,
der HERR, über großen Wassern.
Die Stimme des HERRN ergeht mit Macht,
die Stimme des HERRN ergeht herrlich.
Die Stimme des HERRN zerbricht die Zedern,
der HERR zerbricht die Zedern des Libanon.
Er lässt hüpfen wie ein Kalb den Libanon,
den Sirjon wie einen jungen Wildstier.

Gottes Sprache ist ein Rausch, sie kann gewaltig tönen. Seine Stimme ist in der Natur zu hören. Wind und Donner sind seine Worte – kraftvoll ist seine Stimme und zugleich wunderbar verspielt. Unter ihrem Klang hüpfen Berge wie junge Tiere.

Die Stimme des HERRN sprüht Feuerflammen;
die Stimme des HERRN lässt die Wüste erbeben;
der HERR lässt erbeben die Wüste Kadesch.
Die Stimme des HERRN lässt Eichen wirbeln
und reißt Wälder kahl.

Die Stimme klingt auch aggressiv, zu aggressiv? Womöglich tönt die Sprache Gottes so sehr, weil sie verändern will. Nur wenn das Immergleiche ein Ende hat, kann Erfrischendes erklingen. Was müde wird, erwacht neu. Was stirbt, wird wieder sprießen. Dann erst herrscht ein großes Singen. Die Sprache Gottes will nicht zerstören, sondern Frieden bringen. Wer statt Sturmwind brave Lüftchen hört, verträgt Gottes starke Sprache gut. Wer von Menschen ausgelacht, beleidigt und getroffen wird, sehnt sich nach seiner Stimme, der sich die Psalmen verpflichtet wissen. Sie verströmt Kraft und lockt mit Frieden.

In seinem Tempel ruft alles: „Ehre!"
Der HERR hat seinen Thron über der Flut;
der HERR bleibt ein König in Ewigkeit.
Der HERR wird seinem Volk Kraft geben;
der HERR wird sein Volk segnen mit Frieden.

Ein Liederbuch für Unfromme

Wie die Psalmen entstanden sind

Es kann ohne Erklärungen geschehen. Dann erwischen die Psalmen einen unmittelbar. Ohne Umweg können sie zur Folie für das eigene Leben werden. Das wird bei Kindern sichtbar. Sie fiebern bei Psalmen mit – ohne großes Zögern, ohne viele Fragen. Dass das Kindern gelingt, ist nicht überraschend. Denn sie halten ihre Gefühlswelt nicht krampfhaft im Zaum, haben kaum Angst, irgendwelche Normen, die Welt des Anstands zu durchbrechen. Sie heulen und lachen, wie es auch in den Psalmen geschieht. Und sie fragen nicht: „Wie steht mir das und ist das auch erlaubt?" Das macht sie zu idealen Psalmsängern. Dazu denken sie in Bildern. So verwundert es nicht, dass sie sich in der hebräischen Poesie schnell zu Hause fühlen. Ich habe es erlebt: Mit Gebärden, mit leuchtenden, hochkonzentrierten Gesichtern durchleben sie den Jubel und die Ängste dieser Lieder. Keine Frage: Diese uralten Gesänge schlagen spielend eine Brücke in die Gegenwart. Doch die Brücke trägt nicht immer. Denn die Psalmen befremden auch. Manches kann mich ergreifen, anderes aber ist fern und klingt wie aus einer andern

Welt. So vieles ist seltsam, unverständlich. Namen, Orte und erschreckende Begebenheiten tauchen auf, die ohne Erläuterungen ratlos machen. Natürlich, man kann das, was irritiert, auch ignorieren. Das wäre jedoch bequem, weil man dann nur nach Bestätigungen sucht. Was sich mit den eigenen Erfahrungen deckt, wird abgesegnet. Alles andere wird übergangen. Dabei kann die Irritation zum Gewinn werden, weil sie fordert. Das Fremde stört, macht vielleicht Angst, jedoch: Es bewahrt davor, die Psalmen mal eben in das Gebäude der eigenen Überzeugungen einzugliedern. So lotst das Fremde ins Neue. Ich will das Ungewohnte achten. Indem ich den Psalter nicht vorschnell als mein liebstes Liederbuch etikettiere, werde ich bereit zum Fragen. Man muss die Psalmen nicht immerfort umarmen. Sie hätten dann auch kaum noch Luft, um ihre Stimmen zu entfalten. Rasch würden sie missdeutet. Das Empfinden von Begeisterung und doch auch Fremdheit den Psalmen gegenüber – das ähnelt dem Kennenlernen eines Menschen. Wenn mich jemand fasziniert, habe ich manchmal das Gefühl, vom ersten Augenblick an mit ihm vertraut zu sein. Gesten, Worte, das Lächeln und der Blick scheinen mir schon lang bekannt. Es gleicht einem harmonischen Tanz und keiner tritt dem andern auf die Füße. Ich fühle mich verstanden und erkenne mich in meinem Gegenüber wieder. Wir werfen uns Worte wie Bälle zu und keiner fliegt ins Aus.

Und doch gibt es vieles, was ich auf Anhieb nicht verstehe. Manches wundert mich, ich lächle – vielleicht spöttisch. Oder ich bin irritiert. Wenn ich freilich das Sperrige überginge, steckte ich mein Gegenüber in Kleider, die er womöglich niemals tragen würde. Gestehe ich ihm Eigenheiten zu, kann ich zum liebevollen Forscher werden. Ich entdecke eine neue Welt und muss dabei mit meinem Gegenüber nicht verschmelzen. Stattdessen frage ich: Wie ist das gekommen, dass du heute so bist? Wie war das früher? Wo hast du gelebt, wer sind deine Freunde?

Auf die Psalmen angewandt: Ich will fragen, aus welcher Welt sie stammen und wer sie gesungen hat. So hoffe ich, mit ihnen vertrauter zu werden. Indem ich frage, wehre ich eine vorschnelle Identifikation ab. Nicht nur mit Begeisterung und Gefühl, sondern auch mit Abstand und Verstand möchte ich erfassen, welche Lieder ich vor mir habe. Das Fremde an ihnen motiviert mich zu überprüfen: Will ich die Psalmen trotz oder auch wegen ihrer unbekannten Seiten zu meinem Liederbuch machen?

Als Christ kann man sie nicht ohne weiteres für sich reklamieren. Sie sind von alters her, und bis heute ist das so geblieben, das biblische Gebetbuch der Juden. Da die ersten Christen Juden waren, wurden in christlichen Gottesdiensten Psalmen gesungen. Nach und nach sind sie auch zum christlichen Liederbuch geworden. Die Juden aber singen aus ihm schon länger, haben die Psalmen zuallererst gebetet. Wann ist das gewesen? Viel wird geforscht und gerätselt, von wem, für wen und auf welche Weise sie erklungen sind. Der sicherste Weg, Licht in das Rätsel um die Herkunft der Psalmen zu bringen, liegt in der Bibel selbst. Vor lauter Belesenheit, Findigkeit und Lust am Spekulieren verlieren manche Forscher die nächstliegende Quelle gelegentlich aus den Augen: Die Psalmen selbst liefern eine große Menge an Informationen, aus denen sich Folgerungen ziehen lassen.

In den Psalmen – und das ist die erste Spur – gibt es gleich mehrere hymnische Gesänge auf Herrscher Israels. Ein Beispiel ist Psalm 45, dessen Worte königliche Pracht entfalten.

Du bist der Schönste unter den Menschenkindern,
voller Huld sind deine Lippen;
wahrlich, Gott hat dich gesegnet für ewig.
Gürte dein Schwert an die Seite, du Held,
und schmücke dich herrlich!

(Psalm 45,3.4)

Der König soll in seiner Herrlichkeit lange und sicher regieren – ungeachtet feindlicher Angriffe. Aber nicht nur schmücken soll er sich, sondern auch in herrliche Düfte hüllen.

Deine Kleider sind lauter Myrrhe, Aloe und Kassia;
aus Elfenbeinpalästen erfreut dich Saitenspiel.

(Psalm 45,9)

Der Grund für so viel Pracht: Eine königliche Hochzeit wird gefeiert. Braut und Bräutigam, die Schar der Gäste – alles ist lustvoll, licht und feierlich in dieser Hymne.

In deinem Schmuck gehen Töchter von Königen;
die Braut steht zu deiner Rechten in Goldschmuck aus Ofir.
Höre, Tochter, sieh und neige dein Ohr:
Vergiss dein Volk und dein Vaterhaus!
Den König verlangt nach deiner Schönheit;
denn er ist der Herr, und du sollst ihm huldigen.

Die Tochter Tyrus kommt mit Geschenken;
die Reichen im Volk suchen deine Gunst.
Die Königstochter ist mit Perlen geschmückt;
sie ist mit goldenen Gewändern bekleidet.
Man führt sie in gestickten Kleidern zum König;
Jungfrauen folgen ihr, ihre Gespielinnen führt man zu dir.
Man führt sie hin mit Freude und Jubel;
sie ziehen ein in des Königs Palast.

(Psalm 45,10-16)

Wie ein Märchen aus 1001 Nacht klingt das. Und doch wird ganz real zumindest eine Vorform dieser Verse zur Zeit der Könige Israels gesungen worden sein. Der Psalter könnte, ließe sich folgern, eine Liedersammlung zum Preis der Monarchie in Israel gewesen sein. Ein Buch also, das über das Leben am Königshof Auskunft gibt und den Funkenregen einer Glitzerwelt versprüht.

Die märchenhafte Welt des Königlichen, von Hochzeitsjubel und großer Pracht ist nicht ohne Reiz – auch für den heutigen Leser. Das ist nicht wenig, wenn Könige und Königinnen meine Träume nach Festlichkeit und Farbe bildhaft werden lassen. Und ich gestehe: Ich lese mit leichtem Schauer die Illustrierten, die über eine märchenhafte Welt berichten. Ich betrachte glanzvolle Bilder, die mir die Zeit verkürzen, wenn ich warten muss, bis ich beim Arzt ins Behandlungszimmer gerufen werde.

Die Märchenwelt allerdings bleibt für mich ein Traum. Ich kenne große Wünsche, doch ich werde vermutlich niemals König sein. Und ich habe auch nicht den Ehrgeiz – das wäre ja die andere Seite – als Untertan zu glänzen. Lieb Kind machen sich beim König andere, wie der Psalm verrät: „Die Reichen im Volk suchen deine Gunst." (Psalm 45,13) Zu ihnen kann ich nicht gehören, weil ich nicht über besonders viel Geld verfüge. Wenn die Psalmen ursprünglich ein Liederbuch für den Königshof gewesen wären, wäre ich letztlich ausgeschlossen, mag die Pracht auch noch so faszinieren. Höfische Lieder ließen mich träumen, ich könnte mich begeistern oder wäre neidisch. Aber nicht lange und ich würde die Psalmen immer leiser singen, weil sie mein Leben nicht berühren.

Dass die Psalmen ursprünglich ein Liederbuch für die höhere Gesellschaft waren, muss jedoch bestritten werden. Bereits in dem erwähnten 45. Psalm spielt der prachtvolle Reichtum nur eine von mehreren ersten Geigen. „Deine Kleider sind lauter Myrrhe, Aloe und Kassia." (Psalm 45,9) Diese Parfüme sind vielleicht nicht für jeden erschwinglich gewesen, spielen jedoch auf eine erotisch-poetische Lust an, die keineswegs nur in den Mauern des Königspalastes anzusiedeln ist. Der Psalm erinnert mit seinen Düften an das biblische Hohelied, in dem die Liebeslust besungen wird, und zwar bei weitem nicht nur die von Königen und Königinnen. Aber noch auf andere Weise weist der Psalm über den Königshof Israels hinaus. Die Rolle des Königs in dem Psalm schillert nämlich. Neben dem irdischen König tritt auch Gott als König auf. Das greifbare Königtum Israels reibt sich mit der göttlichen Herrschaft. „Dein Thron bleibt immer und ewig, das Zepter deines Reichs ist ein gerechtes Zepter." (Psalm 45,7) Sofort weiß man: Damit kann historisch betrachtet kein König Israels gemeint sein. Und auch die irdischen Königssöhne, von denen der Psalm redet, sind nicht gerade realitätsnah gezeichnet. Sie werden zu Fürsten in aller Welt. „Darum werden dir danken die Völker immer und ewig."

(Psalm 45,18) Keine Frage: Der Psalm verfremdet die historisch fassbare Realität im Land Israel, das selbst in seinen besten Zeiten nicht viel größer als das Bundesland Hessen gewesen ist. Die Hoffnung, von der hier die Rede ist, hat überhaupt noch kein Politiker erfüllen können, egal in welchem Reich und zu welcher Zeit: eine weltweite Herrschaft nämlich. In ihr danken alle, und nicht einer wird zu diesem Dank gezwungen.

Nein, das Buch der Psalmen enthält zwar Lieder, die am israelitischen Königshof gesungen wurden. Doch im Lauf der Jahre wurden sie erweitert und verfremdet. Der König wird auch als jemand besungen, der erst noch kommen soll und auf den nicht nur die Adligen und Reichen hoffen. Bereits die Königshymnen selbst widerlegen also die Vermutung, dass das Buch der Psalmen dem Königshof zuzurechnen ist. Aber was war es dann? Vielleicht ein Liederbuch für den Tempel? Von diesem ist in den Psalmen oft die Rede. Und auch vom Zion, dem Berg in Jerusalem, auf dem der Tempel stand. Der Psalter – eine Liedersammlung für den Kult am Tempel zu Jerusalem? Anhaltspunkte für diese These finden sich in Psalm 66, der über den Kult am Tempel Auskunft gibt.

Darum will ich in dein Haus gehen mit Brandopfern
und dir meine Gelübde erfüllen,
wie ich meine Lippen aufgetan habe
und mein Mund geredet hat in meiner Not.
Ich will dir Brandopfer bringen von fetten Schafen
mit dem Opferrauch von Widdern;
ich will dir opfern Rinder mit Böcken.

(Psalm 66,13-15)

Die Szene, die dieser Psalm skizziert: Ein Beter ist in Not geraten und hat Gott Dank versprochen, falls dieser hilft. Gott muss geholfen haben. Denn jetzt erfüllt der Betende sein Gelübde am Tempel, indem er Gott Brand- und Schlachtopfer darbringt. Bei den Opfern am Tempel zu singen, war üblich. Wie man sich das vorzustellen hat, erzählt das Buch Jesus Sirach. Priester bliesen beim Opfer schallend „mit silbernen Trompeten, damit der Höchste an das Volk denken sollte. Da fielen sogleich alle miteinander zur Erde auf ihr Angesicht und beteten zu ihrem Herrn, dem allmächtigen, höchsten Gott. Und die Sänger lobten ihn mit Psalmen, und das ganze Haus hallte wider von wunderschönen Liedern." (Jesus Sirach 50,18.20) Ein Chor von Tempeldienern trug die Texte der Psalmen vor. Die von Priestern geblasenen Trompeten gaben den Einsatz, markierten Pausen und zeigten das Ende des Psalmvortrages an. Der Chor war auf den Stufen des Vorhofes der Frauen postiert, zum Vorhof der Männer hin, konnte von der Gemeinde also gut gesehen und gehört werden. Die Gemeinde sang in der Regel nur einen Refrain oder einen kurzen Vers mit – vorstellbar in der Art von Psalm 136: „Denn seine Güte währet ewiglich."

Die Psalmen: ein Gebetbuch für den Tempel, für den höchsten Kultort Israels? Eine durchaus nachvollziehbare Idee. Psalmen verströmen nämlich den Geruch von Heiligkeit, sie pendeln zwischen Donnern und einem intensiven, leisen Leuchten. Es ist ein Rühmen, das sich auch heute gut in Kathedralen denken lässt. Wenn man eine Kirche betritt, es muss nicht zum Gottesdienst sein, dann ist ihre besondere Atmosphäre oft sofort spürbar. Wenn in einer großen Kirche Musik ertönt, dann begeistert das nicht nur Glaubensspezialisten. Als Tempelbuch wären die Psalmen vielleicht kein Buch für jede Lebenslage, aber bedeutsam.

Allerdings wird allenfalls eine geringe Anzahl von Psalmen am Tempel gesungen worden sein. Für den Kult dort ist das Buch der Psalmen als Ganzes nicht gedacht. Dagegen spricht: Es enthält viele Wallfahrtspsalmen. In ihnen wird der Tempel zwar genannt, doch als Wallfahrtslieder sind sie logischerweise auf dem *Weg* zum Tempel gesungen worden. Straßenlieder sind das. Überdies wird der Opferkult am Tempel im Psalter zwar beschrieben, zugleich aber auch heftig kritisiert. „Herr, tu meine Lippen auf, dass mein Mund deinen Ruhm verkündige", heißt es im 51. Psalm. Aber dieses Rühmen soll nicht durch Opfer unterstrichen werden: „Denn Schlachtopfer willst du nicht, ich wollte sie dir sonst geben, und Brandopfer gefallen dir nicht." (Psalm 51,18) Dieser Psalm kann nicht während einer Opferhandlung am Tempel gesungen worden sein. Noch polemischer agiert Psalm 50, der eine Schimpftirade Gottes wiedergibt.

Ich will von deinem Hause Stiere nicht nehmen
noch Böcke aus den Ställen.
Denn alles Wild im Walde ist mein
und die Tiere auf den Bergen zu Tausenden.
Ich kenne alle Vögel auf den Bergen;
und was sich regt auf dem Felde, ist mein.
Wenn mich hungerte, wollte ich dir nicht davon sagen;
denn der Erdkreis ist mein und alles, was darauf ist.
Meinst du, dass ich Fleisch von Stieren essen wolle
oder Blut von Böcken?

(Psalm 50,9-13)

Gott entpuppt sich gleichsam als Vegetarier. Das Opfern kann er nicht besonders mögen, argumentiert zumindest dieser Psalm. Er formuliert, was Gott sich wirklich wünscht: Eine Änderung der Herzen, ein Achten auf den anderen, Ehrlichkeit und ein Leben ohne Diebereien. Wenn Menschen einander Angst einjagen, dann schmeckt ihm das nicht. Er erhofft sich: Keine Lügen gegen Mutter oder Bruder, sondern Vorsicht, Herzlichkeit und Menschlichkeit. Kurz und gut: Gemeint ist ein Leben, das das Leben anderer nicht zerstört.

Der Wunsch Gottes lässt sich auch außerhalb des Tempels und auch jenseits aller Kirchenmauern und Kathedralen erfüllen. Für die Suche nach Herkunft und Bestimmung der Psalmen bedeutet das: Der Psalter ist nicht auf Tempel, Kirchengebäude oder Kult angewiesen. Es ist kein Buch für besonders Fromme. Die Psalmen wurden ja auch immer weiter überliefert – ganz unabhängig davon, ob der Jerusalemer Tempel existierte oder nicht. Zweimal wurde er in Trümmer gelegt. Nach der zweiten Zerstörung im Jahre 70 nach Christus wurden die Juden in alle Welt verstreut. Nie wieder wurde das Heiligtum aufgebaut. Das Judentum wurde zu einer Religion, die sich auf ihre Schriften stützt. Der Opferkult war beendet. Die Psalmengesänge aber sind bis heute nicht verstummt. Hätte man sie nur für große Königs- und Tempelfeiern, für die Aristokratie aus Politik und Religion gesammelt, wären sie vermutlich schon bald aus den Mündern verschwunden.

Nein, dafür ist der Charakter der Psalmen viel zu offen. Seine Bilder stammen aus der Natur. Tiere und Pflanzen tummeln sich in ihnen. Die Welt außerhalb heiliger Gebäude malen sie mit wunderbaren Farben. Nicht für den Tempel ist der Psalter komponiert, er will vielmehr die Welt als Tempel Gottes feiern. Die im Himmel schweben, die Erfolgreichen und Reichen, können diese Lieder nicht als Eigentum einklagen. Es handelt sich stattdessen um das sehnsüchtige Singen derer, die die Niedrigkeit kennen. „Die mit Tränen säen, werden mit Freuden ernten. Sie gehen hin und weinen und streuen ihre Samen und kommen mit Freuden und bringen ihre Garben." (Psalm 126,5.6) Wer das gesungen hat, wird das Leben nicht nur als prachtvoll erfahren haben. Der Alltag ist in den Psalter eingeflossen. Schwitzend, unter Tränen werden die Beter und Sängerinnen gearbeitet und gelebt haben. Mit den Psalmen wollten sie die Tränen beklagen und sie in Jubel wandeln.

Im zweiten Jahrhundert vor Christus wird das Buch in seiner endgültigen Form der 150 Psalmen erstmals vorgelegen haben. Die älteste Handschrift nämlich, die man gefunden hat, stammt aus dem ersten Jahrhundert vor Christus. Ein weiteres Indiz für diese Entstehungszeit: Die Wortwahl derer, die zuletzt am Psalter gearbeitet und ihn herausgegeben haben, erinnert an das Buch Jesus Sirach. Und das ist gegen 150 vor Christus geschrieben worden. Eine lange Entstehungsgeschichte hat der Psalter hinter sich. Nach und nach ist das Liederbuch angewachsen. Vorhandene Sammlungen sind in die große Abschlusssammlung eingegangen, wobei die älteste Teilsammlung am Anfang steht. Psalm 14 aus Teilsammlung eins ist nahezu identisch mit Psalm 53 aus Sammlung zwei, dieser Psalm kommt also in beiden Sammlungen vor. Ein Beleg dafür, dass vorhandene Sammlungen vollständig ins heute vorliegende Buch der Psalmen eingegangen sind. Dabei nahm man die Doppelung eines Psalms in Kauf, was nicht unvernünftig war. Denn jede Sammlung war in sich komponiert. Das Auslassen eines Psalms hätte die Wirkung und die Schönheit der bereits vorliegenden Anordnung untergraben. Außerdem ist die Doppelung in Wahrheit eine Variation. Denn der gleiche Psalm klingt in Nachbarschaft anderer Psalmen natürlich anders.

Gedacht war der Psalter für Menschen, die ihre Sehnsucht und ihr Leid Gott entgegensingen wollten – egal, an welchem Ort. Das illustrieren auch die Schilderungen der Not. Von Schmähungen ist die Rede, vom Fallenstellen, von Spott und Ruhelosigkeit. Und immer wieder wird Partei für die ergriffen, die Geld, Macht und Achtung nicht in Fülle haben. Krankheiten werden beklagt, der Schmerz der Einsamkeit – und all das sehr realistisch. Das sind Szenen, in denen sich die Menschen wiederfinden konnten. Die Psalmen sprechen keine spezielle Personengruppe an. Ihre Bilder sind konkret und anschaulich, sodass Distanz abgebaut wird. Trotzdem werden die Psalmen nicht privat. Sie schildern nie nur eine bestimmte Situation eines Menschen in einem ganz bestimmten Jahr an einem ganz bestimmten Ort. Stattdessen weisen sie stets über ihre Entstehungssituation hinaus und werden transparent – für Menschen auch zu anderen Zeiten.

Bei aller Offenheit der Psalmen sollte aber nicht vergessen werden: Sie sind das Gebetbuch der Juden, in ihm spiegeln sich ihre Geschichte und Sehnsucht wider. Die Fremdheit, die sich in dem Buch zeigt, sollte Christen davor bewahren, diese Lieder als ihre besten Freunde vorzustellen. Die Psalmen sind auch kein christlicher Besitz, sondern im Leiden und im Jubel des jüdischen Volks entstanden. Zugleich aber ist den Psalmen eben diese ungeheure Weite eingezeichnet. Die Juden wollen die

Psalmen mit anderen teilen, Gott nicht für sich alleine pachten. Das ist die Schwelle und die Erlaubnis, das Buch als Nichtjude zu lesen und diese Lieder mitzusingen, wozu Psalm 67 ermuntert.

Psalm 67
Ein Psalmlied, vorzusingen, beim Saitenspiel.

Gott sei uns gnädig und segne uns,
er lasse uns sein Antlitz leuchten,
dass man auf Erden erkenne seinen Weg,
unter allen Heiden sein Heil.

Juden singen: Gottes Gesicht soll freundlich sein – aber nicht nur ihnen, sondern auch den Heiden gegenüber. Gemeint sind damit alle, die keine Juden sind, also auch die Christen. Die Heiden haben nichts zu fürchten. Gott spielt also nicht mit doppelter Mimik. Wenn sein Antlitz leuchtet, soll niemand im Düstern sitzen.

Es danken dir, Gott, die Völker,
es danken dir alle Völker.
Die Völker freuen sich und jauchzen,
dass du die Menschen recht richtest
und regierst die Völker auf Erden.

Gejubelt wird, weil Gott ein Richter der besonderen Güte ist. Seine Zuneigung verkauft er nicht, auch denen nicht, die sehr viel bieten. Weder Könige noch Tresoranbeter, weder Priester oder religiöse Wissensprofis können ihn für sich reklamieren. Stattdessen dürfen bei ihm lachen, die nicht viel zu lachen haben. Gott begrenzt sich nicht. Er schenkt sich nicht nur in religiöse oder kirchliche Gefilde aus. Seine Kraft lässt Kräfte wachsen, sie treibt Blüten überall. Die Verschiedenheit darf bleiben, ein Volk oder auch eine Religion verlangt er nicht. Völker bleiben verschieden. Ihre Stimmen aber klingen zusammen.

Es danken dir, Gott, die Völker,
es danken dir alle Völker.
Das Land gibt sein Gewächs;
es segne uns Gott, unser Gott!
Es segne uns Gott,
und alle Welt fürchte ihn!

Ein Arrangement aus vielen Stimmen

Die Komposition des Psalmenbuches

Ich besitze einen Karton, in dem sich über Jahre Fotos angesammelt haben. Ein Sammelsurium unterschiedlicher Erinnerungen. Geschenkte Bilder, Geerbtes, selbst Geknipstes. Fotos von Festen und viele Bilder, die ich zu spät erhalten habe, um sie noch an geeigneter Stelle in ein Album einzukleben. Ein kurioser Kasten. Greife ich hinein und nehme ein Bild, kann es mich innerhalb von Sekundenbruchteilen in eine bestimmte Stimmung versetzen. Greife ich das nächste, kippt die Stimmung wieder.

Das ähnelt einer Achterbahnfahrt, vergnügsam und abenteuerlich. Der Nachteil: Zwischen den Bildern herrscht keinerlei Beziehung. Oft sind schlecht fotografierte Bilder dabei. Ich frage mich: Lohnt es sich, sie aufzuheben? Manches zerreiße ich. Auch Schmuckstücke entdecke ich und ärgere mich, dass sie in dem Kasten verschmachten müssen. Manchmal ahne ich, wie ich zwischen Bildern einen Zusammenhang herstellen könnte, sie einander ergänzten und miteinander zu sprechen anfingen, wenn ich sie nur nebeneinander halten könnte. Aber dann finde ich das dazu Passende nicht, weil es so viele sind. Ein Wirrwarr ohne jede Ordnung.

Über viele Jahre hat die Bibelwissenschaft behauptet: Die Bibel ähnele solch einem losen Sammelsurium. Buch um Buch, Schrift um Schrift habe man zusammengeworfen. Schmuckvolles sei dabei, durchaus wertvolle Stücke – aber leider fehlt der Zusammenhang. Die Bibel gleiche einer großen Bibliothek, aber wahllos und ohne Liebe sei sie zusammengestellt. Gleiches gelte für die Psalmen, dem biblischen Liederbuch. Sie wurden von der Wissenschaft als einzelne Lieder betrachtet, die man in noch kleinere Stücke zerschnitt, aus denen man dann manches Lied ganz neu zusammensetzen wollte. Schließlich habe fast jeder Psalm ursprünglich ein anderes Gesicht gehabt, das zu suchen sei. Einen Zusammenhang zwischen den Psalmen insgesamt wollte kaum jemand sehen. Man hat stattdessen bestimmt, welche Psalmen wichtig sind. Es wurde gewertet, gewogen und vieles für zu leicht befunden. Ganz nach unten kam es in den Karton.

Inzwischen nähert die Bibelwissenschaft sich ihrem Gegenstand mit neuen Augen. Das Gewand des Richters hat man ausgezogen. Bescheidener, neugieriger und achtungsvoller tritt man der Bibel gegenüber. Die die biblischen Bücher schrieben und auch jene, die sie letztlich zusammenfügten, werden von dem Stigma geistloser Sammlerei befreit. Herzlos hätten sie irgendwelche Schriften aneinandergeklebt, hieß es früher. Inzwischen hat man entdeckt, was sich viele Bibelleser ohnehin nie ausreden ließen: Die Bibel ist mehr als ein bloßer Zettelkasten. Und bei den Psalmen handelt es sich um keine zufällige Sammlung unterschiedlicher Melodien. Wie bei großer Literatur üblich, kann auch die Bibel als ein Buch gelesen werden, das planvoll gestaltet worden ist.

Der Psalter ist kein Werk des Zufalls. Viele Psalmen kursierten, viel mehr als die 150, die im Psalmenbuch zu finden sind. Logische Folge: Für das Buch der Psalmen wurde eine überlegte Auswahl getroffen. Sie stehen in Beziehung, schreiben sich fort, sie ergänzen oder kontrastieren sich, es gibt gezielte Steigerungen. Wer in ihnen nach Verbindungen sucht, wird zum Forscher, der mit seinen Entdeckungen an kein Ende kommt. Wer sie freilich als ein wirres Beieinander verurteilt, verpasst den Zauber ihres oft hintergründigen Arrangements. Gerade Irritationen, seltsame Gegensätze und disharmonische Klänge können beabsichtigt sein. Das Buch ist kunstvoll komponiert. Seinen Komponisten standen Melodien zur Verfügung, deren Eigenart sie bewahren wollten und die sie doch zu einem großen Klang verbanden. Wenn ich auf einem Klavier eine Taste anschlage, schwingen gut hörbar die Saiten des angeschlagenen Tons. Doch auch andere schwingen als Obertöne zugleich leise mit. Wer den Psalter genau kennt, hört bei der Lektüre eines Psalms, wie mit diesem zugleich auch andere zum Klingen kommen.

Wohlüberlegt gebaut ist das Gebäude der 150 Psalmen. Durch ein doppeltes Portal wird es betreten. Psalm 1 und Psalm 2 sind miteinander verknüpft und begrüßen den Leser. Der Ruf *Wohl dem* eröffnet Psalm 1, die Wendung *Wohl allen* beschließt Psalm 2. Die beiden Eingangslieder haben also einen Rahmen und können als ein Bild betrachtet werden. Das Motiv vom richtigen und falschen *Weg* oder vom günstigen und ungünstigen Verhalten auf diesem Weg – das ist eine weitere Verknüpfung (Psalm 1,1.6 und Psalm 2,12). Das Leben wird als Weg verstanden, ist also keine Liegewiese, sondern ein stetes Weitergehen. Durst und Hunger sind nicht abgeschafft. Wer sich den Psalmen anvertraut, wird für sein Leben keine rasche Antwort finden, die attraktiv erscheint, beim erstbesten Schmerz jedoch zerbricht. Der Weg, den die Psalmen eröffnen, ist weder Ruhekissen noch ein felsenfestes Wissen, keine Gewissheit, aber auch kein Besserwissen. Es ist ein Suchen, doch keine Suche, die entkräftet, sondern bei der man immer wieder auf Proviant stößt. Die Psalmen wollen für diesen Weg der Reiseführer sein. Sie verraten, was auf dem Lebensweg kraftvoll sättigen kann. Als eine Art Stereoklang wird gleich in Psalm 1 und 2 eine nährende Melodie angestimmt, die im gesamten Buch weiterklingt. Ratschlag eins:

Wohl dem, der nicht wandelt im Rat der Gottlosen
noch tritt auf den Weg der Sünder
noch sitzt, wo die Spötter sitzen,
sondern hat Lust am Gesetz des Herrn
und sinnt über seinem Gesetz Tag und Nacht.

(Psalm 1,1.2)

Zu einer intimen, glühenden und leidenschaftlichen Frömmigkeit wird eingeladen. Gemeint ist kein müdes Lesen in der Bibel, kein sich selbst bestätigendes „Ich-weiß-schon-alles". Lustvoll soll stattdessen die Lektüre des göttlichen Gesetzes sein, der fünf Bücher Mose also, der Tora. Wie Gott mit seinem Volk durch die Wüste gezogen ist, steht in deren Zentrum. Aus der Sklaverei, dem Schmerz heraus, wandert das Volk auf der Suche nach Heimat. Ziel ist das Land, in dem Milch und Honig fließen. Gott gibt dabei Regeln, die das Zusammenleben erleichtern. Denn der Weg soll nicht bei brackigem Wasser und Essig enden. Tag und Nacht gelte es über diese Geschichten und Geboten zu sinnen, sagt Psalm 1. Murmeln soll man sie. Die Suche nach einem guten Zusammenleben und die Sehnsucht nach dem Ende von Wüstenzeiten sollen nicht zum Schweigen kommen. Über der Tora sinnen, sie murmeln, das heißt: Sie als Klang verstehen, sie genießen und musizieren – Tag und Nacht, unaufhörlich kann es geschehen, weil die Geschichten, die von Gottes Weg erzählen, niemals enden. Immer neu wird sich aus ihnen die Hoffnung auf Milch und Honig entwinden. Wer sich ihnen hingibt, „der ist wie ein Baum, gepflanzt an den Wasserbächen, der seine Frucht bringt zu seiner Zeit, und seine Blätter verwelken nicht." (Psalm 1,3)

Doch die glühende Frömmigkeit ist nur der erste Teil des programmatischen Doppelklangs, durch dessen Pforte der Leser das biblische Liederbuch betritt. Die Psalmen raten zu mehr, als innig über den Papieren zu summen. Teil zwei der Eingangsmelodie erklingt in Psalm 2: Eine große politische Hoffnung wird besungen. Ein Hoffnungsträger, wie es noch keinen gab, soll kommen! Im Leben spielen also nicht nur intimes Beten und der individuelle Einsatz der Beter für das Gesetz Gottes eine Rolle. Die Psalmen wollen, dass sich umgekehrt Gott auch um die Welt im Ganzen kümmert. Und die sieht nicht immer rosig aus. Er soll verändern, Krummes gerade machen und dazu einen König senden, von dem Gott sagt. „Ich aber habe meinen König eingesetzt auf meinem heiligen Berg Zion." (Psalm 2,6)

Der König wird als jemand geschildert, der nicht nur friedvoll ist. Ein eisernes Zepter hält er in der Hand. Mächtige werden gewarnt: „Dass er nicht zürne und ihr umkommt auf dem Wege; denn sein Zorn wird bald entbrennen." Harte Töne. Sie sind auch in Psalm 1 zu hören, wenn die Gottlosen zu „Spreu" werden, „die der Wind verstreut". Gleich zu Beginn des Psalmenbuchs erklingt damit untergründig eine weitere Melodie, die eher einem Grollen ähnelt. Es rumort im gesamten Psalmenbuch. Eine Welt der reinen Heiligkeit sucht man vergeblich, sanft und kuschelig ist es eher selten. Gewalt wird nicht verschwiegen, von Widersachern, Feinden und Konkurrenten ist die Rede. Der energische Tonfall kann immer neu erschrecken. Ob und wie man auch diese Grundmelodie klingen lassen kann, werde ich später erläutern.

Jedenfalls belegt auch diese grollende Stimme, dass die Psalmen kein loser Zettelkasten sind, kein Karton, in dem ungeordnet alte Fotos gammeln. Das Gebäude ist durchdacht, weil es durchlaufende Themen hat. Ein weiteres Indiz dafür, dass es sich bei dem Buch um eine großangelegte Komposition handelt: Es gibt innerhalb der Psalmen Sammlungen. Benannt sind sie nach biblischen Figuren. Die Psalmen 3 bis 41 tragen in der Überschrift den Namen des israelitischen Königs David, es sind in der Regel Klagelieder. Die Lieder 42-49 werden den Söhnen Korachs zugewiesen, die am Tempel dienten. Die Psalmen 51-71 sind wieder Gebete Davids, die Psalmen 73-83 Lieder des Sängers Asaf. Im hinteren Teil des Buches tauchen als große Gruppe noch die Wallfahrtspsalmen 120-134 auf, die Pilger auf dem Weg nach Jerusalem gesungen haben mögen.

Aber die 150 Psalmlieder sind nicht nur in Sammlungen, sondern darüber hinaus in fünf Bücher aufgeteilt. Das Ende jedes dieser Bücher gleicht einem Fanfarenstoß, ist ein Aufruf zum Jubeln. „Gelobt sei der HERR, der Gott Israels, von Ewigkeit zu Ewigkeit! Amen. Amen!" (Psalm 41,14) So endet Buch eins. Mit Jubel, fast ein Lied für sich, schließt Band zwei: „Gelobt sei Gott der HERR, der Gott Israels, der allein Wunder tut! Gelobt sei sein herrlicher Name ewiglich, und alle Lande sollen seiner Ehre voll werden! Amen! Amen!" (Psalm 72,18.19) Gott wird nicht nur als Gott Israels besungen, sondern seine Herrlichkeit soll sich in allen Ländern enthüllen. Ohne viel Drumherum der Aufruf am Ende von Buch drei: „Gelobt sei der HERR ewiglich! Amen! Amen!" (Psalm 89,53) Am Schluss des vierten Bandes wird das bisherige *Amen! Amen!* in ein *Amen! Halleluja!* abgewandelt: „Gelobt sei der HERR, der Gott Israels, von Ewigkeit zu Ewigkeit, und alles Volk spreche: Amen! Halleluja!" (Psalm 106,48) Der Wechsel zum Halleluja, dem Aufruf also, Gott zu singen, lässt bereits das grandiose Ende des fünften Buches ahnen, das aus fünf Halleluja-Psalmen besteht. Dann soll nicht nur alles Volk unabhängig von Ländergrenzen Gott preisen, sondern alles, was atmet. Der Atem der Welt und aller seiner Lebewesen soll Jubel werden. „Alles, was Odem hat, lobe den HERRN! Halleluja!" (Psalm 150,6)

Was hat es mit diesem Jubel auf sich? Und wie führt das Psalmenbuch in diesen Jubel hinein? Ich lese gerne Bücher. Und ich hoffe dabei tatsächlich, in Jubelstimmung zu geraten. Früher ist ein Buch meinem lesenden Auge nur selten entkommen. Kaum konnte ich Geschichten den Abschied geben. Als Kind und Jugendlicher lugten meine roten Ohren zwischen den Seiten hervor. Inzwischen hält sich das ekstatische Lesen in Grenzen. Wenn Bücher per Anzeige, in Katalogen oder Buchhandlungen angekündigt werden, geschieht das mit großer Begeisterung:

„Neue Bücher, aktuell, wunderbar erzählt, eine noch nie da gewesene Sicht, der Autor selbst wird hier vielleicht bald zu hören und zu sehen sein." Mit der Hoffnung, die Sehnsucht aus Kindertagen zu finden, greife ich nach einem der bejubelten Bücher. Ich lese die ersten Seiten, und zugegeben: interessant. Nach und nach legt sich freilich die Begeisterung – ich suche nach Geschichten und Worten, die Blut in meine Ohren treiben und mich im Kopf Kino schauen lassen. Doch oft geschieht das vergeblich. Das Feuer fehlt. Am Ende, falls ich überhaupt bis zum Ende komme, lege ich das Buch ohne Abschiedsschmerz weg. Und der große Ankündigungsjubel ist in mir lange schon verklungen.

Ganz anders bei den Psalmen. Sie fordern erst zum Jubeln auf, wenn das Buch gelesen ist. Nicht vor, sondern durch die Lektüre wollen sie in Erregung bringen. Es ist, als ob sie damit sagen wollten: „Jubelt, tanzt und singt! Dankt Gott, seid Musik! Seid nicht finster und gelangweilt!" Die Psalmen legen die Messlatte hoch – aber eben erst am Ende. Sie machen sich damit angreifbar, weil jeder sagen kann: „In Jubellaune bin ich nach dieser Lektüre nicht." Doch die Psalmen trauen ihrer Qualität. Für mich sind sie ein Versprechen: „Wenn du den Jubel nicht findest, probiere es noch einmal, lies weiter, du wirst ihn entdecken. Einmal werden dich die Melodien tragen, wie ein Baum, gepflanzt an Wasserbächen, wirst du sein, der jubelnd Früchte bringt."

Doch zurück zum Gebäude der Psalmen. Auch die sich steigernden Lobaufrufe am jeweiligen Ende der fünf Psalmenbücher weisen darauf hin, dass es sich bei den Psalmen um eine Komposition handelt. Sie sind verknüpft und ergänzen sich. Sie können sich allerdings auch kontrastieren. Anschaulich zeigen das zwei direkt beieinander platzierte Lieder. Psalm 22 ist ein dunkles Lied, vielleicht eines, das sich wie kaum ein anderes traut, Gottes Ferne zu beklagen.

Mein Gott, mein Gott, warum hast du mich verlassen?
Ich schreie, aber meine Hilfe ist ferne.
Mein Gott, des Tages rufe ich,
doch antwortest du nicht,
und des Nachts, doch finde ich keine Ruhe.
Ich bin ausgeschüttet wie Wasser,
alle meine Knochen haben sich voneinander gelöst;
Mein Herz ist in meinem Leibe wie zerschmolzenes Wachs.
Meine Kräfte sind vertrocknet wie eine Scherbe,
und meine Zunge klebt mir am Gaumen,
und du legst mich in des Todes Staub.

(Psalm 22,2.3.15.16)

Aufbrechen soll Gott aus der Ferne, um endlich einzugreifen. Bereits im Lied selbst wendet sich die Stimmung hin zur Hoffnung, der große Umschwung aber erfolgt erst ein Lied später. Psalm 23 schildert nämlich, wie Gott den Beter als sorgender und treuer Hirte umhüllt.

Der Herr ist mein Hirte,
mir wird nichts mangeln.
Er weidet mich auf einer grünen Aue
und führet mich zum frischen Wasser.

(Psalm 23,1.2)

Die beiden Lieder aufeinander zu beziehen kann helfen, sich nicht in einen Psalm zu verbeißen. „Und ob ich schon wanderte im finstern Tal", singt vertrauensvoll Psalm 23, „fürchte ich kein Unglück." Wer allerdings gerade durch den Abgrund wandert und trotzdem Unglück fürchtet, wird sich von diesen Worten nicht unbedingt getröstet fühlen, weil er an der Geborgenheit Gottes zweifelt. Gäbe es nur Hirtenlieder, würden viele die Lektüre der Psalmen beenden. In den Jubel am Ende des Psalmenbuches könnten sie nicht einstimmen. Für sie ist Psalm 22 eine tröstende Ergänzung, weil dort jemand ehrlich klagt: „Auch ich erlebe Gott nicht stets als Hirte." Aber das Liederpaar hilft auch in die umgekehrte Richtung: Wer Verlassenheitsgesänge nicht mehr hören kann, den wird Psalm 23 erleichtern. Gleich neben dem Verlassenheitsschrei steht er und bietet so die Möglichkeit, sich in die Geborgenheit hineinzusingen. Doch nicht nur Nachbarpsalmen sprechen miteinander. Manche Formulierungen werden über viele Psalmen hinaus weitergereicht.

Herr, lehre mich doch,
dass es ein Ende mit mir haben muss
und mein Leben ein Ziel hat und ich davon muss.

(Psalm 39,5)

50 Psalmen später werden diese Worte aufgegriffen und dabei zugleich verändert.

Lehre uns bedenken, dass wir sterben müssen,
auf dass wir klug werden.

(Psalm 90,12)

Wie vergänglich die Menschen sind, wird in diesem Psalm dann bildlich ausgeführt.

Du lässest sie dahinfahren wie einen Strom,
sie sind wie ein Schlaf,
wie ein Gras, das am Morgen noch sprosst,
das am Morgen blüht und sprosst
und des Abends welkt und verdorrt.
(Psalm 90, 5.6)

Vergänglichkeit und Gefahren, die Tag und Nacht drohen – diese Motive tauchen einen Psalm später erneut auf. Nun aber nicht als Feststellung, sondern als Verheißung, dass sich etwas ändern wird.

Seine Wahrheit ist Schirm und Schild,
dass du nicht erschrecken musst vor dem Grauen der Nacht,
vor den Pfeilen, die des Tages fliegen,
vor der Pest, die im Finstern schleicht,
vor der Seuche, die am Mittag Verderben bringt.
(Psalm 91,4-6)

Wiederum ein Psalm später erfolgt die Wende. Das Grauen, das Tag und Nacht droht, ist überwunden. Tag und Nacht wird jetzt gesungen.

Das ist ein köstlich Ding, dem HERRN danken
und lobsingen deinem Namen, du Höchster,
des Morgens deine Gnade

und des Nachts deine Wahrheit verkündigen
auf dem Psalter mit zehn Saiten,
mit Spielen auf der Harfe.

(Psalm 92,2-4)

Weit spannt sich der Bogen: In Psalm 39 und in Psalm 90 wird die Kraft des Todes schonungslos beschrieben. In Psalm 91 wird ihr ein Hoffen entgegengesetzt, das wiederum ein Lied später in ein köstliches Singen mündet. Auch die Klage über das unausweichliche Dahinwelken hat sich jetzt verwandelt. Im 90. Psalm spross Gras, war am Abend jedoch verdorrt. Jetzt darf, was wächst, lange atmen.

Der Gerechte wird grünen wie ein Palmbaum,
er wird wachsen wie eine Zeder auf dem Libanon.
Die gepflanzt sind im Hause des HERRN,
werden in den Vorhöfen unsres Gottes grünen.
Und wenn sie auch alt werden,
werden sie dennoch blühen, fruchtbar und frisch sein,
dass sie verkündigen, wie der HERR es recht macht;
er ist mein Fels und kein Unrecht ist an ihm.

(Psalm 92,13-16)

Um ein Lieder-Trio handelt es sich also. Erst ist da die Enttäuschung: „Alles vergeht." (Psalm 90) Dann kommt die Bitte „Es soll sich ändern", und versprochen wird: „Es kann sich ändern." (Psalm 91) Schließlich wird zurückgeschaut auf das dunkle Loch und es wird gejubelt. Das Licht am Ende des Tunnels wird zum neuen Anfang. (Psalm 92)

Die Gefühlsabfolge ist nicht für die Vergangenheit reserviert. Die Verknüpfungen der Lieder sind viel mehr als ein Stoff, über den Interpreten debattieren können. Denn auch in der Gegenwart ist die im Psalmentrio klingende große Freude zu erleben, wenn sich Lähmung in Leichtigkeit verzaubert. Enttäuschung ist der Ausgangspunkt. Auch bei noch so großer Weisheit, mit tagelangen Gebeten und Ratgeberliteratur lässt sie sich aus dem Leben kaum löschen. Sie ist raffiniert, Abwehrbollwerke durchschlüpft sie geschickt. Was tun, wenn einen die Vergeblichkeit gefesselt hält? Ich stärke mich an Hoffnungsliedern, an Geschichten, die Wunderbares verkünden. Eine Atmosphäre, die dem Gefühl der Vergeblichkeit widerspricht, kann beleben. Der Glaube, dass es auch anders geht, verändert mich. Und plötzlich ist jemand aus dem Loch herausgegangen – und kaum weiß er, wie es dazu gekommen ist. Als wäre ein Frühling ausgebrochen. Genug damit, sich kläglich zu fühlen, mag die Realität vielleicht auch weiterhin fürs Klagen sprechen.

Auch dieser Dreiklang der Psalmen bestätigt, wie entlastend es ist, dass kein Psalm für sich alleine steht. Wer in der Dunkelheit steckt und den Dank aus Psalm 92 nicht sprechen kann, braucht sich nicht ausgeschlossen zu fühlen. Psalm 90, die Klage der Vergeblichkeit, bleibt stets Bestandteil des Dreiergespanns. Das Psalmentrio 90-92 ähnelt einer Drei-Zimmer-Wohnung im Haus der 150 Psalmen. Die Verbindungstüren zwischen den drei nebeneinander liegenden Zimmern sind geöffnet. Wer im Raum der Vergeblichkeit sitzt, behält den Blick ins Nachbarzimmer, dem Versprechen nämlich, dass die Trauer nicht Trauer bleibt. Und durch das Zimmer der Verheißung hindurch kann ich sogar in den Raum des Singens und des

Staunens schauen. Ich werde nicht im Dunklen bleiben, sondern in einen großen Jubel wandern! Aber auch wenn ich im Zimmer der Freude sitze, ist der Blick in die umgekehrte Richtung möglich. Er bewahrt mich davor abzuheben. Denn kaum jemand wird das ganze Leben über jubilieren, das wäre unheimlich und nicht realistisch. Die geöffneten Türen zwischen den Zimmern sorgen auch für Zusammenhalt bei den Bewohnern. Wenn ich heiter singe, wäre es fatal, mich vor denen zu verschließen, die im Raum der Erwartung oder im Zimmer der Vergeblichkeit leben. Ihr Leid soll nicht übersehen werden. Somit bestätigt sich: Die kluge Komposition des Psalmenbuches ist nichts für Bibeltheoretiker. Sie garantiert, dass ich aus immer anderen Perspektiven die Psalmen lesen kann. Ähnliche Motive oder Formulierungen sehe ich in neuem Licht. Kein Lied soll die anderen übertönen. Vielleicht ist das wie in einem Chor. Wenn eine Stimme herausplärrt, ist das ganze Stück kaputt. Kein Psalm soll zum Gewinner werden. Nicht einigen der 150 Lieder gebührt Anerkennung, sondern die Kraft entfaltet sich in der Vielfalt ihrer Stimmen.

Die Stimme der Alltäglichkeit

Welchen Rang die Psalmen in der Bibel haben

Lieder zwingen sich nicht auf. Wenn sie aber klingen, setzen sie sich fort. Das ist seltsam: Das Kurorchester, die Rockband, Chöre, Kinderstimmen, der Musikant in der Unterführung – sie beenden irgendwann ihr Musizieren. Begeistert skandiert das Publikum: „Zugabe!" Doch die Sängerin kann nicht mehr, jetzt ist Schluss. Die Musik lässt sich dennoch nicht begrenzen. Melodien tönen weiter. Wenn der Dirigent die Hände sinken lässt, packen die Chormitglieder ein, die Noten werden verstaut. Die Töne selbst allerdings verschwinden in keiner Tasche. Immer wieder neu lösen sie sich von den Lippen der Sänger, die den Probenraum verlassen: Abwechslungsreich, in Bruchstücken, fetzenhaft und fröhlich – wie selbstverständlich geschieht das und ohne jede Peinlichkeit. Ist das Radio ausgeschaltet, spielt die Musik weiter. Unter der Dusche fühlen sich Lieder wohl, im Auto werden sie dahingesummt. Im Aufzug, wenn niemand sonst mitfährt, wird gesungen. Melodien scheuen keine Räume. Wer sie aufgegabelt hat, lässt sie weiterwandern. Musik kommt wie aus dem Nichts, lässt sich nicht stoppen und überspringt

Mauern spielend. Natürlich, in Musikschulen und Konzertsälen ist sie zu finden. Am wohlsten aber fühlt sie sich im Alltag, wenn Menschen bei der Hausarbeit pfeifen, die Kinder die anbrechenden Ferien besingen, Fans den Torjubel mit Jubel-Arien begleiten. Wer Liedern Grenzen setzen will, wird es vergeblich tun.

So verwundert es nicht, dass auch die Lieder in der Bibel sich nicht auf das Psalmenbuch beschränken. Natürlich ist der Psalter *das* musikalische Buch der Bibel. Doch seine überschwängliche Art zu beten wandert weiter. So ist das Alte Testament insgesamt von Lob- und Klagegesängen durchzogen. Mose etwa wird zum Sänger, wird in den fünf Büchern Mose erzählt. Er hat das Volk Israel aus Ägypten herausgeführt und auf dem Berg Sinai die Zehn Gebote Gottes in Tafeln eingemeißelt. 40 Jahre hat er Israel durch die Wüste begleitet. Am Ende seiner Abenteuer schaut er zurück. Seine Bilanz gilt dem ganzen Volk Israel. „Ach, warum so bescheiden“, denkt er sich: „Das Universum soll meine Worte hören!“

Merkt auf, ihr Himmel, ich will reden,
und die Erde höre die Rede meines Mundes.

(5. Mose 32,1)

Wie aber will Mose Menschen, Erde und dazu auch noch die Himmel erreichen? Er wählt die Form des Psalms. Die Worte sind so erfrischend, dass sie musikalisch werden.

Meine Lehre rinne wie der Regen,
und meine Rede riesele wie Tau,

wie der Regen auf das Gras
und wie die Tropfen auf das Kraut.
Denn ich will den Namen des HERRN preisen.
Gebt unserm Gott allein die Ehre.

(5. Mose 32,2.3)

Anders war das bei Hanna. Sie konnte Gott beim besten Willen keine Ehre zollen. Sie litt. Viele lachten über sie. Gehänselt wurde sie, war verachtet, weil sie kein Kind bekam. Sie murmelte, schüttete ihr Herz aus vor Gott, bewegte ihre Lippen im Tempel, ohne dabei auf übliche Weise Gebetstexte runterzuleiern. Das Bild dieser Frau, die ihren Schmerz mit den Lippen hin- und herbewegte, war dem Priester unheimlich. Er sah sie im Rausch und schimpfte: „Besoffen bist du – und das im Tempel!“ Doch Gott, erzählt das erste Samuelbuch, stellte sich auf Hannas Seite. Die Sticheleien, die sie trafen, machte er stumpf. Denn Hanna wurde Mutter. Sie konnte es kaum glauben, konnte nur noch singen.

Mein Herz ist fröhlich in dem HERRN,
mein Haupt ist erhöht in dem HERRN.
Mein Mund hat sich weit aufgetan wider meine Feinde,
denn ich freue mich deines Heils.

(1. Samuel 2,1)

Hannas Worte sind in der Bibel als Lied festgehalten, auch das ist – wie bei Mose – ein Psalm außerhalb des Psalmenbuchs. Warum jubelt Hanna? Weil Gott die Welt zu einem Kopfstand bringt. Er stellt sich auf die Seite der Verlachten.

Der Bogen der Starken ist zerbrochen,
und die Schwachen sind umgürtet mit Stärke.
Die da satt waren, müssen um Brot dienen,
und die Hunger litten, hungert nicht mehr.
Die Unfruchtbare hat sieben geboren,
und die viele Kinder hatte, welkt dahin.
(1. Samuel 2,4.5)

Auch Propheten singen Psalmen. Der verrückteste Ort, um das zu tun, war Jona beschieden. Nicht im Konzertsaal, nicht im Tempel, nicht im stillen Kämmerlein singt Jona. Er floh auf einem Schiff vor Gott, der ihn aufgefordert hatte, für ihn zu sprechen. Sturm kommt auf, die Schiffsbesatzung wirft Jona ins Meer. Ein großer Fisch verschluckt den Sinkenden. So geschah es, dass der Prophet sein poetisches Rufen im Bauch eines Walfischs anstimmte, erzählt das an Kuriositäten reiche Buch Jona. Es hat dem Propheten einen Psalm in den Mund gelegt, als er im Dunkeln hockte. Kurios ist dieses Lied jedoch nicht. Es bringt eine Angst zum Klingen, die viele nachempfinden können – auch wenn sie sich nicht in einem Fischbauch befinden. Denn wer aus der lichten Welt heraus in die Tiefe sinkt, dem ist das Lied nicht fremd. Wer die Füße im Schlamm des Lebens kaum noch voreinander setzen kann, fühlt sich in dem Psalm erkannt.

Ich schrie aus dem Rachen des Todes,
und du hörtest meine Stimme.
Du warfest mich in die Tiefe, mitten ins Meer,
dass die Fluten mich umgaben.

Alle deine Wogen und Wellen gingen über mich,
dass ich dachte, ich wäre von deinen Augen verstoßen,
ich würde deinen heiligen Tempel nicht mehr sehen.
Wasser umgaben mich und gingen mir ans Leben,
die Tiefe umringte mich, Schilf bedeckte mein Haupt.
Ich sank hinunter zu der Berge Gründen,
der Erde Riegel schlossen sich hinter mir ewiglich.

(Jona 2,3-7)

Der bedeutendste biblische Psalmensinger ist David. Aber auch seine Stimme ist nicht nur im Buch der Psalmen zu finden. Er war König Israels. In den Samuelbüchern, die sein Leben schildern, wird er schon früh als Musiker gepriesen. Ein Hirtenjunge ist er, der kleinste von sieben Brüdern aus dem kleinen Stamm Benjamin. An den Hof von König Saul wird er gerufen und tröstet Saul, der an einer tückischen Krankheit leidet. David spielt auf der Harfe. Das beruhigt Saul. Einmal aber kann Saul seine Traurigkeit nicht bändigen, und auch David kann es nicht. Der König wirft eine Lanze nach seinem Tröster, sodass dieser fliehen muss. David also ist ein Verfolgter, besitzt aber auch den Instinkt zur Macht. Er schwingt sich auf zum Konkurrenten Sauls, schart zwielichtige Männer um sich, eine Räuberbande. Der einstige Hirtenjunge entpuppt sich als Frauenheld. Sie helfen ihm auf dem Weg zur Macht. König von Juda wird er, König von Israel und von Jerusalem. Ein großer Krieger ist er, der nicht immer nach dem Willen Gottes lebt. Er ist ein Ehebrecher und Mörder.

Die Figur Davids ist die bedeutendste Brücke zwischen der Bibel insgesamt und dem Buch der Psalmen. Der Verbindungsweg lässt sich in beide Richtungen beschreiten. Zwei Psalmen, die David zugeschrieben werden, stehen nämlich außerhalb der Psalmen, in den Büchern Samuels. Umgekehrt aber hat die Figur Davids noch um vieles mehr den Psalter geprägt. 73 von 150 Gebeten im Buch der Psalmen werden David zugewiesen. Um präzise zu sein: Sie stammen nicht direkt von David, sollen bis heute die Beter der Psalmen aber überlegen lassen: Wieso könnte David diesen Psalm gebetet haben?

Die Überschrift signalisiert, ob ein Psalm dem König übergeben ist. „Von David, vorzusingen." (Psalm 11) Oft trägt ein Davidspsalm eine musikalische Bemerkung: „Ein Psalm Davids, vorzusingen, beim Saitenspiel auf acht Saiten." (Psalm 6) Entscheidend, um die eminent wichtige Rolle Davids für die Psalmen zu verstehen, sind biografische Angaben. „Ein Psalm Davids, als er vor seinem Sohn Absalom floh" (Psalm 3), „als er sich wahnsinnig stellte vor Abimelech und dieser ihn von sich trieb" (Psalm 34), „als ihn die Philister in Gat ergriffen hatten" (Psalm 56), „als er vor Saul in die Höhle floh" (Psalm 57), „als Saul hinsandte und sein Haus bewachen ließ, um ihn zu töten" (Psalm 59).

Alles das: Stationen aus der Geschichte eines Verfolgten. Die Psalmen reklamieren David also nicht für sich als Paten, weil er als Mächtiger am Feierabend auch mal singt und betet. Das biblische Buch der Lieder leiht sich vielmehr die Stimme des Verfolgten, eines Königs, der viel leiden muss. Indem die Psalmen David anders zeichnen, als er in den Samuelbüchern geschildert wird, bekennen sie Farbe. Sie interessieren sich für Davids Schwäche, für Gefühle der Angst. Das zeigt: David, der eigentlich doch Mächtige, kann ohne Gottes Macht nicht leben. Die ausweglosen Seiten seines Lebens werden nicht verschwiegen, im Gegenteil! König David wird damit zur Identifikationsfläche für die, die kein königliches Leben vorzuweisen haben.

Der Umgang mit der Person Davids verdeutlicht: Die Psalmen greifen biblische Stoffe auf, verändern und ergänzen sie und tauchen sie in neues Licht. Sie wollen nicht nur wiederholen. Sie erzählen stattdessen mit den Augen derer, die nicht mit Glanz und Gloria gesegnet sind und deshalb auf den Segen Gottes hoffen. Die Psalmen sind die Stimme der Schwachen, die auf ein Ende der Schwachheit hoffen. Dieses Singen prägt jedoch nicht nur das Alte Testament. In vielen jüdischen Schriften und Liederbüchern, auch im Neuen Testament setzt es sich fort. Maria beispielsweise, die Mutter Jesu, singt ein Lied im Stile Hannas. Die hatte ihr Herz einst vollgepackt mit Sehnsucht, hoffte auf Gott und machte diesem nach der Geburt ihres Sohnes Komplimente. Maria greift den Ton Hannas auf.

Der Lobgesang der Maria (Magnificat, Lukas 1,46-55)

Und Maria sprach:
Meine Seele erhebt den Herrn,
und mein Geist freut sich Gottes, meines Heilandes;
denn er hat die Niedrigkeit seiner Magd angesehen.
Siehe, von nun an werden mich seligpreisen alle Kindeskinder.
Denn er hat große Dinge an mir getan,
der da mächtig ist und dessen Name heilig ist.
Und seine Barmherzigkeit währt
von Geschlecht zu Geschlecht
bei denen, die ihn fürchten.

Marias Freude schwingt sich auf, weil Gott die Alltäglichkeit betritt. Barmherzig ist er, nicht nur luftig und aus Samt. Das einfache Leben scheut er nicht. Maria wird schwanger, wie Hanna schwanger wurde, da Gott in ihr Leben kam. Hanna sang: „Der HERR macht arm und macht reich; er erniedrigt und erhöht." (1. Samuel 2,7) Und Maria? Sie stimmt ein in diesen Klang, der den Ausgepumpten Luft beschert: Für die, die übersehen werden, hat Gott große Augen.

Er übt Gewalt mit seinem Arm
und zerstreut, die hoffärtig sind in ihres Herzens Sinn.
Er stößt die Gewaltigen vom Thron
und erhebt die Niedrigen.
Die Hungrigen füllt er mit Gütern
und lässt die Reichen leer ausgehen.
Er gedenkt der Barmherzigkeit
und hilft seinem Diener Israel auf,
wie er geredet hat zu unsern Vätern,
Abraham und seinen Kindern in Ewigkeit.

Gott behält die Kinder Abrahams im Blick, singt die Jüdin Maria, die sich als Nachkommin Abrahams versteht. Gott hilft denen auf, die am Boden liegen – darauf vertrauen die Psalmen. Es sind Gesänge, die über die Staubigkeit der Erde nicht die Nase rümpfen. Sie passen ins Neue Testament. Auch dort werden Staub, Verfolgung und Schmerzen aus Gründen etwa einer falscher Heiligkeit nicht hinausgebeten. Auch die Christen sehen Abraham als Glaubensvater an und finden im Neuen Testament das Alte wieder, insbesondere die Psalmen. Neben dem

Jesajabuch sind sie das meistzitierte Buch des Alten Testaments im Neuen Testament.

Wenn ich die Kontinuität zwischen Altem und Neuem Testament heraushebe, ist das manchem vielleicht nicht ganz plausibel: Denn ist der alte Psalmenklang im Neuen Testament wirklich so wichtig? Jesus, wenden einige ein, habe doch in einem anderen Stil gebetet. Er habe den Zorn- und Feindgesängen aus den Psalmen sogar den Ton entzogen. Was aus seinem Mund kam, war mild und liebevoll. Abba, einen lieben Vater, habe er Gott genannt, und die Menschen neu gelehrt zu beten: das Vaterunser.

Doch wer die Psalmen kennt, kann ihren Ton auch im Vaterunser wiederfinden. Es lässt sich als Kurzfassung von Psalm 145 verstehen. Und Psalm 145 liest sich umgekehrt wie ein Kommentar zum Vaterunser. „Geheiligt werde dein Name", lautet Bitte eins des angeblich so neuen Jesus-Gebetes. Der Psalm, der David zugeschrieben ist, beginnt: „Ich will dich erheben, mein Gott, du König, und deinen Namen loben immer und ewiglich. Ich will dich täglich loben und deinen Namen rühmen immer und ewiglich." (145,1.2) Um das Reich, dass kommen soll, bittet Jesus sodann. Der Psalm illustriert: „Dein Reich ist ein ewiges Reich, und deine Herrschaft währet für und für." (145,13) Das tägliche Brot ist Jesus wichtig – aber nicht nur ihm, sondern auch im Psalm: „Aller Augen warten auf dich, und du gibst ihnen ihre Speise zur rechten Zeit. Du tust deine Hand auf und sättigst alles, was lebt, nach deinem Wohlgefallen." (145,15.16) Aber die Hoffnung auf einen gnädigen und milden Gott – vielleicht ist das ein Original-Ton Jesu, der so noch nie erklungen ist? Jesus bittet nämlich: Vergib uns unsere Schuld! Der Psalm freilich wirkt wie eine Antwort: „Gnädig und barmherzig ist der HERR, geduldig und von großer Güte. Der HERR ist allen gütig und erbarmt sich aller seiner Werke." (145,8.9) Aber nicht nur das, Gott hört auch auf all jene, die mit den Worten Jesu bitten: Führe uns nicht in Versuchung, sondern erlöse uns von dem Bösen. Wie eine Kommentierung klingt der Psalm: „Er tut, was die Gottesfürchtigen begehren, und hört ihr Schreien und hilft ihnen." (Psalm 145,19)

Jesus kannte sich als Jude im jüdischen Gebetbuch der Psalmen wie in seiner Westentasche aus. „Das bestreiten wir auch nicht", gestehen Christen zu, die an der Bedeutsamkeit der Psalmen zweifeln. Aber Jesus greife auf die Psalmen deswegen zurück, um deren weitschweifige Art im Vaterunser endlich einmal auf den Punkt zu bringen. Und damit habe er die Psalmen doch noch korrigiert. Bei diesem Argument finde ich kurios: Die die Kürze der Gebete Jesu rühmen, scheinen sich an Jesus selbst nicht unbedingt zu orientieren. Christliche Gebete sind oft so weitschweifig und unkonkret, dass ich beim Gottesdienstbesuch rasch nach der bildkräftigen Gebetskultur der Psalmen dürste. Zugegeben, dieser Einwurf ist polemisch. Und deshalb ist er auch nicht als sachliches Argument für die Bedeutung des Psalmenbuches auch innerhalb des christlichen Glaubens zu zählen. Das liefert das Neue Testament dafür ganz von selbst. Denn in ihm werden Psalmen nicht nur zitiert, sondern es erzählt, dass Jesus sie gebetet habe. Vor allem, berichten die Evangelien, sei das in der Geschichte seines Todeskampfes geschehen. Eindrücklich der Schrei am Kreuz im Markusevangelium: „Mein Gott, mein Gott, warum hast du mich verlassen?" (Markus 15,34) Das ist ein Zitat, der Anfang von Psalm 22.

Jesus sagt: Gott ist nicht da. Und hält an ihm fest, indem er seine Gottesverlassenheit Gott zuruft. Welche anderen Klageworte als die überlieferten hätte Jesus beten können? Von ihm originelle, während des Leidens ersonnene und für eine künftige Christenheit mit all ihren Notsituationen tragfähige Gebete zu verlangen – ein zynischer Gedanke. Schon wenn ich das formuliere, wird mir mulmig zumute. Nein, Jesus spricht am Kreuz in der Rolle des verfolgten Davids. Jesus kann seinen Schmerz gerade noch nach draußen bringen – mit Hilfe der Psalmen, die die Stimme derer sind, die sich verlassen fühlen, aber nicht verstummen wollen.

Wie Jesus betete, kann heute helfen. Sein Leiden wird mitunter vorschnell umgebogen in einen Glücksfall für die Menschen. Er vergebe Sünden, den Tod habe er für uns gelitten, sein Blut für uns vergossen. Das mag alles richtig sein. Was der Evangelist Markus erzählt, sagt noch etwas anderes. Jesus hat gezweifelt und in seiner Hilflosigkeit einen letzten Halt in den Gebeten der Schwachen gefunden.

Gar nicht luftig, samtig lebte er, er schrie und hoffte. Und als er nicht mehr weiter wusste, gaben ihm die Psalmen Stimme. Oft wird zu Jesus gebetet: Sohn Gottes, Held und Wundermann. Er war auch einer, der Verlassenheit erlebte und in seiner Verlassenheit zu Gott schrie – und zwar als Mensch, der sich gar nicht besonders göttlich fühlte. Der Zweifel, den Jesus aus sich nach draußen rief, mag in manchem Theologenohr unkorrekt klingen. Doch wer leidet, kann nicht auf theologische Korrektheit achten. Er kann nur hoffen und dabei alle Traurigkeit und den Staub der Niedrigkeit in sein Rufen legen. So rückt Jesus Menschen in ihrer Hilflosigkeit nahe. Mit ihm zusammen kann man Psalmen zu Gott beten. Sie sind eine entscheidende Stimme der Bibel. Die Heilige Schrift erzählt, wie Gottes Licht erhellen kann, wie seine Kraft erfrischen und den Menschen Atem geben kann. Die Bibel will aufrichten und zum Singen führen. Das gelingt ihr aber nur, weil sie menschlich bleibt und sich nie im Schweben verliert. Als Stimme der Schwachen durchziehen die Psalmen die Heilige Schrift. Sie garantieren: Niemand braucht sich zu entschuldigen, weder für Gefühle der Verlassenheit noch des Zorns, weder für Ängste noch für vermeintlich unheilige Gefühle. Sie sind biblisch – und finden sich nicht nur am Rand.

Gesänge wider die Macht der Feinde

Warum die Wut nicht übergangen wird

Die Psalmen klingen oft zart und entwerfen lyrische Idyllen. Wer in ihnen allerdings wie in einem blühenden Garten spazieren will, wird rasch aus der Andacht gerissen. Überall lauern sie, die Feinde, in fast jedem Psalm werden sie erwähnt. Hinterrücks tauchen sie auf, rennen aus Verstecken und stehen plötzlich im Mittelpunkt. Übergangslos werden sie ins Rampenlicht gerückt. Manche Psalmenmelodie erinnert an das Plätschern eines Baches. Dann freilich zerreißt das Bild, Gewitterdonnern kracht in eine milde Sommerstimmung. Die Stimmen der Gegner gellen in den Ohren: Da sind Völker, die im Krieg mit Israel liegen, aber auch persönliche Widersacher in allen Schattierungen.

Bis zu 94 unterschiedliche Bezeichnungen für Feinde hat ein Forscher in den Psalmen gefunden, was folgern lässt: Sie sind ihr beherrschendes Thema. Das wäre für sich genommen vielleicht noch nicht problematisch. Bestürzend aber ist, dass man den Gegnern Niederlage, Tod und Qualen wünscht. Kaum einmal sind Töne zu entdecken, die bereit sind einzulenken.

Manchmal hat man den Eindruck, eine Aggression löst die andere ab. Und Gott? Er wird als Kampfgenosse für die eigene Partei reklamiert. Die Feinde seien gottlos!, heißt es. Und damit gelten sie auch als Gegner Gottes.

Gleich zum Auftakt der Psalmen wird den anderen unter die Nase gerieben, dass sie sich auf dem falschen Weg befinden. „Darum bestehen die Gottlosen nicht im Gericht noch die Sünder in der Gemeinde der Gerechten." (Psalm 1,4.5) Wie aber sieht das aus, wenn Feinde im Gericht nicht bestehen? Psalm 2 kann Auskunft geben. Der König, den Gott einsetzen will, erhält den Auftrag: „Du sollst sie mit einem eisernen Zepter zerschlagen, wie Töpfe sollst du sie zerschmeißen." (Psalm 2,9)

Selbst in dem sehr beliebten und sanft tönenden Psalm 23, dem zufolge Gott als Hirte Geborgenheit vermittelt, sind die Rivalen nicht ausgeblendet. „Du bereitest vor mir einen Tisch im Angesicht meiner Feinde." (Psalm 23,5) Sie dürfen nicht mitessen, sollen ausgeschlossen sein und die Geborgenheit des Beters nicht teilen. Das Problem, das sich nicht umschiffen lässt: Zur Gewalt bereite Menschen könnten in den Psalmen auch noch die Begründung für ihre Aggressionen gegen Andersdenkende finden: „Steht Gott nicht auf unserer Seite?" Der Glaube würde damit Gewalt und Feindschaft segnen, sie religiös begründen und untermauern.

Die Problematik soll nicht übergangen, auch nicht heimlich beiseitegeschoben werden. Das ist bei dieser Intensität auch gar nicht möglich. Ich frage lieber: Warum klingt aus den Psalmen solcher Schrecken? Jedenfalls will ich nicht bei jedem zweiten Psalm mit Eddingstift das Unliebsame schwärzen. Das tut der Bibel ohnehin nicht gut. Wer das Schockierende dick übermalt, hat auf dem meist dünnen und transparenten Bibelpapier den rückseitigen Text gleich mitgeschwärzt – und damit womöglich seine liebste Psalmenstelle.

Warum also gibt es so viele Feindpassagen im Buch der Psalmen? Eine Antwort lautet: Es liege im Unterschied der Religionen und damit auch von Altem und Neuem Testament begründet. Gott habe, sagen einige, sich vom Judentum zum Christentum entwickelt. Feinde gebe es natürlich auch noch im Christentum, jedoch: Laut Neuem Testament sollen ihre scharfen Zähne jetzt mit Liebe gezogen werden. Die Bergpredigt sei der Beleg, weil in ihr Jesus die Liebe zu den Feinden predigt.

Diese Argumentation überzeugt mich nicht, weil das Gewaltproblem auf andere Religionen verschoben wird. Gewalt und göttliche Zornestöne lassen sich aber auf so gut wie jeder Seite der Offenbarung des Johannes entdecken. Und das ist eine christliche Schrift, platziert im Neuen Testament. Auch Jesu Worte, die im Neuen Testament überliefert sind, erklingen nicht stets mit weicher Stimme: „Ihr sollt nicht meinen, dass ich gekommen bin, Frieden zu bringen auf die Erde. Ich bin nicht gekommen, Frieden zu bringen, sondern das Schwert.“ (Matthäus 10,34)

In beiden Testamenten lassen sich Traditionen von Gewalt entdecken, Bilder eines nicht nur friedlichen Gottes. In beiden Testamenten aber wird dem auch widersprochen. Verwünschungen und Gewaltschilderungen reiben sich innerhalb des jeweiligen Testaments mit friedlichen Tönen. Das eröffnet eine Möglichkeit, mit den erschreckenden Stellen in den Psalmen umzugehen. Man sollte sie nicht isolieren, sondern stets kontrastieren mit Widerspruch, der in den Psalmen oder dem Alten

Testament selbst zu finden ist. Ein Beispiel: Im Psalm 137 wird gesungen:

An den Wassern zu Babel saßen wir und weinten,
wenn wir an Zion gedachten.
Unsere Harfen hängten wir
an die Weiden dort im Lande.

(Psalm 137,1.2)

Ein Trauerlied in der Gefangenschaft, gesungen ohne Harfenklang. Die sanfte Melancholie mündet in einen Aufruf zur Vernichtung.

Tochter Babel, du Verwüsterin,
wohl dem, der dir vergilt, was du uns angetan hast!
Wohl dem, der deine jungen Kinder nimmt
und sie am Felsen zerschmettert!

(Psalm 137,8.9)

Das aber ist nur eine Stimme, mit der Israel die Großmacht Babel, die das Volk Israel verschleppt hat, besingt. Eine andere ist die des Propheten Jeremia, der Gottes Wunsch in einem Brief zu den Verbannten nach Babel sendet: Isoliert euch nicht, baut Häuser, fügt euch in die Gesellschaft derer ein, die euch gefangen nahmen. „Suchet der Stadt Bestes, dahin ich euch habe wegführen lassen, und betet für sie zum HERRN; denn wenn's ihr wohlgeht, so geht's auch euch wohl." (Jeremia 29,7)

Auf der einen Seite also findet sich der Zorn der Verschleppten, der sich zwar in keiner Tat, aber doch in einem aggressiven

Schrei entlädt. Auf der anderen Seite soll für den Feind gebetet werden. Nie vergessen werden sollte, dass die Bibel stets eine Vielfalt von Stimmen bietet. Gefährlich wäre es, Einzelnes zum Willen der Bibel oder Gottes zu erklären.

Damit ist das Problem mit dem Thema Nummer eins der Psalmen gemildert, es bleibt aber bestehen. Denn auch wenn ich um Gegenstellen weiß, muss ich noch immer schlucken, wenn ich auf Aggressionen in den Psalmen treffe. Ich stolpere, bin befremdet, irritiert, erschrocken. Was tun mit diesen unliebsamen Gefühlen? „Gar nicht erst entstehen lassen", denken manche. Sie rühmen die Psalmen! Das gelingt ihnen, indem sie unter ihnen wählen. Den Auswahlprozess überstehen die „munteren" Gebete. Gott verhält sich nicht rätselhaft, sondern stets gut. Es gibt dann auch keine bösen Menschen. Zu diesem Schluss kann man kommen, wenn man auf solch eine Auswahl stößt.

Im Evangelischen Gesangbuch sind, was erfreulich ist, nicht nur Lieder der Gegenwart und aus den letzten Jahrhunderten abgedruckt, sondern auch Psalmen. Sie laden ein zum Beten. Psalm 137 mit seinem Verzweiflungsschrei gegen die Großmacht Babel ist nicht aufgeführt. Psalm 2, in dem ein von Gott eingesetzter König Völker wie Töpfe zerschlagen soll, fehlt. Dafür ist Psalm 139 abgedruckt. In ihm wird von der Morgenröte gesungen, von Gottes Nähe und Geborgenheit, die überall anzutreffen sei. Ein Psalm, der ganz und gar von Gottes Milde durchdrungen ist! Könnte man meinen. Eine ganz bestimmte, nicht so morgenrote Stelle aber fehlt: „Ach Gott, wolltest du doch die Gottlosen töten! Dass doch die Blutgierigen von mir wichen! Denn sie reden von dir lästerlich, und deine Feinde erheben sich mit frechem Mut. Sollte ich nicht hassen, Herr, die dich hassen, und verabscheuen, die sich gegen dich erheben? Ich hasse sie mit ganzem Ernst; sie sind mir zu Feinden geworden." (Psalm 139,19-22) *Psalmen. Eine Auswahl* lautet die Überschrift im Gesangbuch. Es ist nachvollziehbar, dass in ein handliches Gesangbuch nicht das ganze Buch der Psalmen aufgenommen wird, zumal es sich in jeder Bibel findet. Auffallend allerdings, dass ausgerechnet die Stellen und Psalmen, die vor Wut sprühen, im Gesangbuch übersprungen sind. Auch das ließe sich begründen, nur tun es die Herausgeber an keiner Stelle. Ein Verfahren, das üblich ist. Bei Andachten, Bibelauslegungen, in vielen bunten Psalmenbüchern werden die Passagen, die erschrecken und für Zündstoff sorgen könnten, ausgelassen. Was mich dabei stört: Den Psalmen wird der Mund heimlich gestopft, man verrät es niemanden. Wie eine Trompete sollen die Psalmen klingen! Aber dann lieber doch mit einem Dämpfer, der kein einziges Mal entfernt werden darf. Aber was ist, wenn dann jemand erwartungsfroh die Bibel aufschlägt, um einen dieser sanften Psalmen nachzulesen? Er wird schockiert sein. Und mit diesem Schock ist er allein, weil ihn die vorgeblichen Psalmenenthusiasten darauf nicht vorbereitet haben.

Unangenehme Stellen wegschneiden, das ist meines Erachtens keine Lösung, zumal dann auch nicht sonderlich viel von diesem Buch übrig bliebe. Das Schockierende der Psalmen kann kein Zufall sein. Sie sind nicht dahingeschmiert, sondern streng geformt und komponiert. Wer sie schönen will, gerät in Gefahr, ihre Schönheit zu zerstören. Denn wer Psalmen aussortiert, bringt damit zugleich das bewusst gefügte Gebäude der Psalmen ins Wanken. Die Psalmen lassen sich vermutlich nur ganz oder gar nicht begreifen. Was ist dann aber mit dieser ungeheuren Wucht der Feinde? Vielleicht hat, was man weit von sich weist, manchmal mehr mit einem zu tun als man wahrhaben will? Sonst würde ich schließlich auf diese Stellen nicht so empfindlich reagieren.

Statt sich mit diversen Abwehrstrategien zu befassen, kann man sich umgekehrt in das Unangenehme auch einmal vertiefen. Wer ist mit den Feinden überhaupt gemeint? Keineswegs Völker oder Menschen, die damit rechnen mussten, von einem eventuell aggressiven Israel mit links vernichtet zu werden. Es verhält sich umgekehrt: Israel konnte im Schatten von Großmächten nur deshalb einigermaßen bestehen, weil es völlig unbedeutend war. Für die militärisch hochgerüsteten Großmächte war Israel als Machtfaktor unerheblich. Im Vorbeigehen wurde es schließlich mitgenommen. Im Jahr 587 vor Christus wurde der Tempel in Jerusalem zerstört und Israel nach Babylon verschleppt. In Verbannung musste es leben, was sich in den Psalmen widerspiegelt. Es sind keine Gebete von Mächtigen und Siegern, sondern von einem Volk, das oft genug ohnmächtig war und in Schmerzen lebte. Was ihnen blieb: Schreckliche Erinnerungen. Und der Schrei zu Gott.

Richte doch deine Schritte zu dem,
was so lange wüste liegt.
Der Feind hat alles verheert im Heiligtum.
Deine Widersacher brüllen in deinem Hause
und stellen ihre Zeichen darin auf.
Hoch sieht man Äxte sich heben
wie im Dickicht des Waldes.

Sie zerschlagen all sein Schnitzwerk
mit Beilen und Hacken.
Sie verbrennen dein Heiligtum,
bis auf den Grund entweihen sie
die Wohnung deines Namens.
Sie sprechen in ihrem Herzen:
Lasst uns sie ganz unterdrücken!
Sie verbrennen alle Gotteshäuser im Lande.
Unsere Zeichen sehen wir nicht,
kein Prophet ist mehr da,
und keiner ist bei uns, der etwas weiß.

(Psalm 74,3-9)

Ratlosigkeit. Keiner ist da, der einen Hoffnungsschimmer sieht. Selbst religiöse Spezialisten schweigen. Niemand kann den Schmerz in Worte fassen und eine Erklärung für das grauenhafte Desaster geben. Verlassenheit. Menschen, die brutal handeln. Bilder von Tod und Grauen rollen immer wieder vor dem inneren Auge ab. Traumatisch. Letzter Ausweg: Die Angst und Vergeblichkeit dem zurufen, der von sich behauptet, mächtiger zu sein.

Ach, Gott, wie lange soll der Widersacher noch schmähen
und der Feind deinen Namen immerfort lästern?
Warum ziehst du deine Hand zurück?
Nimm deine Rechte aus dem Gewand und mach ein Ende!

(Psalm 74,10.11)

Nicht Gewaltige sind es also, die Gottes Kraft gegenüber den Feinden reklamieren. Es sind jene, die Gewalt erleiden. Freilich tun die Psalmen nicht so, als ob Gewalt nur von anderen Völkern ausginge, man selbst aber eine Gesellschaft von lauter liebenswürdigen und friedliebenden Menschen wäre. Feinde tauchen mindestens genauso oft im persönlichen Bereich und eigenen Umkreis auf. Wehrlose, Menschen kurz vor dem Ende, zu Grunde Gerichtete klagen: „Ich bin so müde vom Seufzen; ich schwemme mein Bett die ganze Nacht und netze mit meinen Tränen mein Lager. Mein Auge ist trübe geworden vor Gram und matt, weil meiner Bedränger so viele sind." (Psalm 6,7.8) Die Bedränger kämpfen nicht offensichtlich, worauf man sich als Bedrängter noch einstellen könnte. Ihre Waffen sind Doppelbödigkeit, Getuschel und Intrigen. „Meine Feinde reden Arges wider mich: ‚Wann wird er sterben und sein Name vergehen?' Sie kommen, nach mir zu schauen, und meinen's doch nicht von Herzen; sondern sie suchen etwas, dass sie lästern können, gehen hin und tragen's hinaus auf die Gasse. Alle, die mich hassen, flüstern miteinander über mich und denken Böses über mich: ‚Unheil ist über ihn ausgegossen; wer so daliegt, wird nicht wieder aufstehen.'" (Psalm 41,6-9)

Das alles aber ist noch nicht das Schlimmste. Sondern? Auch jene wenden sich ab, deren Wohlwollen man in dunklen Stunden eigentlich am dringendsten bedarf. „Auch mein Freund, dem ich vertraute, der mein Brot aß, tritt mich mit Füßen." (Psalm 41,10)

Der Blick in die Feindgesänge zeigt: Die Psalmen malen keine heile Welt, sondern sind radikal realistisch. Es handelt sich nicht um gemütliche Gebete, sondern es ist der in Sprache geronnene Schmerz derer, die kurz vor dem Verstummen sind. Ich muss an Kindertage denken. Da trat Aggression offen auf, wenn nun auch nicht ohne jede Taktik, weil es von Kindergärtnerinnen und Lehrern unbeobachtet geschehen musste. Unter dem Tisch wurde getreten – ganz ohne Grund. Feindschaft kann in der Welt der Erwachsenen genauso gut auftreten, womöglich sogar härter, weil weniger offensichtlich. Rachegefühle sind kein Fremdwort. Und wie weh tut es, wenn man jemandem vertraut und dann enttäuscht wird. Im Beruf werden Kämpfe unter dem Deckmantel der Freundlichkeit ausgetragen. Oft sind es kaum merkbare Winzigkeiten, gegen die man sich selten wehren kann, weil der Widerstand mit dem Hinweis gekontert wird, man sei wohl nicht ganz dicht, sehe Gespenster. Viele bekommen vor Erniedrigung keinen Bissen mehr hinunter. Der Schlaf ist weg, und viele geben sich auch noch selbst die Schuld dafür. Feindschaft herrscht auch, wenn Kinder in der Schule zu Außenseitern werden. Auf ein Kind richten sich alle Finger, immer wird es als Grund des Übels angeführt. Und zur Katastrophe wird es, wenn der Religionslehrer mit womöglich guter Absicht den Außenseiter zum Unterrichtsgegenstand erhebt, an dem man nun Freundlichkeit lernen soll. Nach solch einer Stunde wird der offiziell Intergrierte umso mehr leiden.

Ehrlicher und realistischer reagieren die Psalmen. Sie bezeichnen Feinde schlicht und einfach als Feinde. Ihnen wird Böses gewünscht, was furchtbar klingen mag, vielleicht aber auch nicht völlig unnatürlich ist. Denn die, die leiden, wollen ihre Rachegefühle nicht in sich fressen und zu jeder Unterdrückung sklavisch Ja und Amen sagen. Der Eifer der Psalmen kennt allerdings eine Grenze. Das Handeln wird Gott überlassen: „Denn sie haben ihr gottloses Lügenmaul wider mich aufgetan. Sie reden wider mich mit falscher Zunge und reden giftig wider mich allenthalben und streiten wider mich ohne Grund. Dafür, dass ich sie liebe, feinden sie mich an; ich aber bete. Sie erweisen mir Böses für Gutes und Hass für Liebe. Fluchen sie, so segne du. Erheben sie sich gegen mich, so sollen sie zuschanden werden; aber dein Knecht soll sich freuen." (Psalm 109,2-5.28)

Gott also soll richten, nicht die Gepeinigten. Wut und Verwünschungen, die sich in den Psalmen finden, sind keine historisch ausgeführten Taten, sondern Gebete. Gott, der Angerufene, kann sich gegen die Wut der Beter wenden. Er kann segnen, ist also frei, sich anders zu verhalten, als die Beter es fordern. So sagt der Ruf nach dem Zorn Gottes weniger etwas über das Handeln der Beter oder Gottes aus als über den Zustand der Welt. Die Psalmen verschleiern nicht Grausamkeit, reden auch nicht vorschnell von Versöhnung und Liebe. Verbrechen, Unterdrückung und die täglichen, aber umso spitzeren Nadelstiche werden nicht unter den Teppich gekehrt.

Das kann einen Weg für das eigene Beten weisen: Denn vielleicht sollte ich mir selbst nicht jedes Wort der Wut versagen? Es wäre des Überlegens wert, mich nicht mit jeder Verletzung durch Nicken einverstanden zu zeigen. Statt mir Liebes- und Geborgenheitsgebete auferlegen, kann man auch schreien. Sonst nämlich richtet sich die Aggression gegen einen selbst oder äußert sich irgendwann einmal explosionsartig, sodass ich anderen gefährlich werde.

Gott ist für Wut der beste Anschreipartner. Vielleicht ist es sogar so: Wer Ohmacht und Zorn nicht vergräbt, findet am Ende gerade dadurch Luft für Spuren neuer Freundlichkeit. Trotzdem bleibt das mulmige Gefühl den rasanten Wutgesängen gegenüber erhalten, alles andere wäre auch zu viel verlangt angesichts der gewaltigen Größe dieser Stellen. Deswegen lautet die einzige „Lösung", mit diesen schockierenden Tönen umzugehen: Es gibt keine Lösung. Denn der Schmerz, der hinter diesen Gebeten steckt, lässt sich nicht auflösen. Die Gesänge werden immer sperrig bleiben. Deswegen ist es nicht das Schlechteste, das Verunsichernde und Verstörende der Psalmen nicht aufzulösen.

Was versuchen Forscher und Gläubige dagegen nicht alles, um die Fremdheit abzumildern, dieses Buch auf Linie zu bringen. Konkrete Feinde werden zu abstrakten Mächten und Dunkelheiten erklärt. Das klingt dann passabler, damit lässt sich besser operieren. Verschwiegen wird so allerdings, dass Menschen anderen Menschen konkretes Unrecht zufügen. Nein, es bleibt dabei: Man muss den Psalmen ihre Größe lassen. Dann aber wieder denke ich, wenn ich auf manchen Wutwunsch treffe: Lädt das nicht ein, den Kopf auszuschalten, gerade weil das Beten häufig eine hochemotionale Angelegenheit ist? Der Kreislauf der Gewalt sollte schließlich einmal durchbrochen werden. Das kann doch nicht Zukunft bringen, wenn man bei erlittener Gewalt in Gegengewalt fällt, selbst wenn es nur in der Sprache geschieht? Also diese Stellen vielleicht doch besser übergehen, auslassen, wegstreichen?

Dann aber würde vermutlich das Gegenteil dessen geschehen, was man sich erhofft. Die Stimme der Ohnmächtigen nämlich, ihre Verletzungen und auch die Ursachen des Leidens würden ausgeblendet. Und das bedeutete indirekt eine Zustimmung zur Gewalt. Vielleicht rümpfen am Ende gerade auch jene die Nase über die Psalmen, die selbst niemals Ohnmacht erleben mussten? Wer von Opfern, Verhöhnten und lächerlich Gemachten verzeihende Liebe fordert, spielt denen in die Hände, die Ungerechtigkeit ausüben oder stützen. Mein innerer Widerstand gegen die Wut der Psalmen kann also bedeuten, dass ich womöglich selbst zu denen gehöre, die vom Leiden anderer profitieren. Wenn man die erschreckenden Stellen nicht ausblendet, können die Psalmen somit auch zur Selbstkritik führen. Wer sie unzensiert betet, den können sie hinterfragen: Lasse ich mich vom Schmerz anderer überhaupt rühren? Ist mir die Wut der Psalmen unangenehm, weil sie indirekt an mich gerichtet ist? Übersehe ich also die Elenden und weiche der Traurigkeit meiner Freunde aus?

Eine vollendete Lösung für den Umgang mit biblischen Wutgesängen wird es nicht geben. Am plausibelsten erscheint mir, sie in einem steten Wechsel der Perspektiven auszulegen. Sie können zu Gefährten werden, die vom Wahn befreien, in sich nur Gedanken von Sanftmut finden zu wollen. Es ist nicht sonderlich realistisch, so zu tun, als ob man selber niemals Feindschaft erfahren könnte. Doch halt! Es gilt sich immer ins Wort zu fallen, die Perspektive zu wechseln und zu fragen: Bin ich gemeint und agiere als jemand, der am Ende Feindschaft sät und nicht unterbindet?

Psalm 35

Von David.

Herr, führe meine Sache wider meine Widersacher,
bekämpfe, die mich bekämpfen!
Ergreife Schild und Waffen

und mache dich auf, mir zu helfen!
Zücke Speer und Streitaxt wider meine Verfolger!
Sprich zu mir: Ich bin deine Hilfe!

Ich sehne mich danach, mir nicht selber helfen zu müssen. Ich strebe nach Auszeichnungen und Plaketten, schließe Verträge ab, vereinbare Sicherheiten, damit man einander achtet. Wäre doch lächerlich, wenn man nicht respektvoll miteinander leben und sprechen könnte. Manchmal aber ist es schrecklich lächerlich. Es wird entschieden darum gekämpft, im Leben einen Sonnenplatz zu ergattern. Da gibt es Schachzüge, die wie Speere treffen. Fragen, als Streitäxte geworfen. Auswahlverfahren – geführt mit der Schärfe von Waffen. Schaue ich zu, wenn Menschen Speere, Äxte oder andere Waffen schärfen? Ich hoffe auf eine Rüstung, die mich schützen kann. Oder greife ich eher an, ohne es bemerken zu wollen?

Es sollen sich schämen und zum Spott werden,
die mir nach dem Leben trachten;
es sollen zurückweichen und zuschanden werden,
die mein Unglück wollen.
Sie sollen werden wie Spreu vor dem Winde,
und der Engel des HERRN stoße sie weg.
Ihr Weg soll finster und schlüpfrig werden,
und der Engel des HERRN verfolge sie.

Es mag übertrieben klingen, dass andere nach meinem Leben trachten. Niemand wird mit dem Messer auf mich stürzen – hoffentlich! Aber kann man einander nicht auch mit Schweigen töten? Wenn Menschen einander keinen Mut zusprechen und mit Achselzucken stechen. Müsste ich nicht reden, wenn Menschen unter Stummheit leiden?

Statt zu helfen sage ich, jetzt im Augenblick nicht wirklich gut zu können. Oder ich berufe mich auf Formeln, Paragraphen, auf höhere Instanzen. „Eigentlich haben Sie Recht", wird dem gesagt, der Hilfe nötig hat. Aber eben nur eigentlich. Das Desinteresse wird zur Schlinge.

Denn ohne Grund haben sie mir ihr Netz gestellt,
ohne Grund mir eine Grube gegraben.
Unversehens soll ihn Unheil überfallen;
sein Netz, das er gestellt hat, fange ihn selber,
zum eigenen Unheil stürze er hinein.
Aber meine Seele soll sich freuen des HERRN
und fröhlich sein über seine Hilfe.
Alle meine Gebeine sollen sagen:
HERR, wer ist dir gleich?
Der du den Elenden rettest vor dem,
der ihm zu stark ist,
und den Elenden und Armen vor seinen Räubern.

Das wäre was: Wenn all jene, die Gewalt üben, ihre Gewalt auch einmal selber spüren. Wie schnell wäre die Lust aufs Angreifen und Zerstören verflogen. Schaufele ich mit, wenn Gruben ausgehoben werden? Mir drohen selber Fallen. Gott soll die Kleider der Fallensteller wechseln, damit diese selbst Gefahr erleiden. Doch die Masse derer, die gefährlich sind, scheint unerschöpflich.

Es treten falsche Zeugen auf;
sie fordern von mir, wovon ich nichts weiß.
Sie vergelten mir Gutes mit Bösem,
um mich in Herzeleid zu bringen.
Ich aber zog einen Sack an, wenn sie krank waren,
tat mir wehe mit Fasten
und betete immer wieder von Herzen.
Als wäre es mein Freund und Bruder,
so ging ich einher;
wie einer Leid trägt über seine Mutter,
so beugte ich mich in Trauer.
Sie aber freuen sich, wenn ich wanke,
und rotten sich zusammen;
sie rotten sich heimlich zum Schlag wider mich,
sie lästern und hören nicht auf.
Sie lästern und spotten immerfort
und knirschen wider mich mit ihren Zähnen.

Das Bitterste ist, wenn Freundschaft und Liebe sich verkehren. In Treue will man säen, ist höflich und erfinderisch im Reich der Menschlichkeit. Tag für Tag schlägt das Herz für eine gute Sache. Man unterstützt andere, fragt nach. Statt Belohnung kommt die Abfuhr.

Herr, wie lange willst du zusehen?
Errette doch meine Seele vor ihrem Unheil,
mein Leben vor den jungen Löwen!
Ich will dir danken in großer Gemeinde;
unter vielem Volk will ich dich rühmen.

Lass sich nicht über mich freuen,
die mir zu Unrecht feind sind;
lass nicht mit den Augen spotten,
die mich ohne Grund hassen!
Denn sie reden nicht, was zum Frieden dient,
und ersinnen falsche Anklagen wider die Stillen im Lande.
Sie sperren das Maul weit auf wider mich
und sprechen: „Da, da, wir haben es gesehen!"
HERR, du hast es gesehen, schweige nicht;
HERR, sei nicht ferne von mir!
Wache auf, werde wach, mir Recht zu schaffen
und meine Sache zu führen, mein Gott und Herr!
HERR, mein Gott, verhilf mir
zum Recht nach deiner Gerechtigkeit,
dass sie sich nicht über mich freuen.
Lass sie nicht sagen in ihrem Herzen:
„Da, da! das wollten wir."
Lass sie nicht sagen: „Wir haben ihn verschlungen."

Gott, verbinde Wunden! Wichtiger aber als mein Schmerz: Sei gerecht und richte üble Richter. Rücke zurecht, was sich chaotisch schlecht gebärdet. Habe Gutes vor mit denen, die Gutes wollen. Und wer Leid sät, soll sich nicht auch noch an dem von ihm gesäten Unglück laben.

Sie sollen sich schämen und zuschanden werden,
alle, die sich meines Unglücks freuen;
sie sollen in Schmach und Schande sich kleiden,
die sich wider mich rühmen.

Jubeln und freuen sollen sich,
die mir gönnen, dass ich recht behalte,
und immer sagen: Der HERR *sei hoch gelobt,*
der seinem Knecht so wohl will!
Und meine Zunge soll reden von deiner Gerechtigkeit
und dich täglich preisen.

Wenn Gott sich rätselhaft gebärdet

Vom Umgang mit Krankheit und Leid

Die Frage „Wie geht es dir?" lädt ein, sich nicht zu verkriechen. Wenn die Frage ernsthaft an mich gerichtet ist, kann ich meiner Seele Ausgang gönnen und sogar über Schmerzen klagen. Wie erholsam können Ohren sein, die auf meine Stimme achten. Schon lebe ich leichter. Leider weiß man nicht immer, ob die Frage „Wie geht es dir?" einlädt zum Erzählen. Manchmal gleicht sie einer Wohnungstür, die sich nur einen Spaltbreit öffnet, weil sie von einer Kette gesichert wird. Oder sie erinnert an ein Guckloch, durch das mich ein Blick flüchtig streift. Die Tür bleibt zu. Sicher ist man bei dieser Frage selten, ob man erzählen kann, was einem durch Kopf und Herz spazieren geht oder auch verrückte Kurven dreht.

Die Psalmen hingegen machen das Tor weit auf für den, der sich verstanden wissen will. Sie laden ein, sich in ihnen auszubreiten. Niemand braucht das Gefühl zu haben: „Verträgt der das auch, was ich jetzt sage? Ist das nicht zu persönlich, wenn ich darüber spreche? Belastet das den anderen, wenn ich nicht nur schöne Dinge zu erzählen habe?" Denn die Psalmen trauen sich ja selbst zu klagen, ohne dabei zu fragen: „Ist das erlaubt?" Sie klagen viel und haben allen Grund dazu. Da sind Gegner und Feinde. Aber nicht nur Menschen umhüllen einen mit Schatten. Beklagenswertes kann auch aus heiterem oder eben nicht so heiterem Himmel kommen. Wenn jemand krank wird, sind Menschen gewiss nicht immer daran schuld. Das macht es nicht weniger schlimm. Man muss kürzer treten, das Bett hüten. Durch den Sommer tollen andere. Oft besucht den Kranken dann nur noch die Einsamkeit. Erkrankte aufzusuchen, ist vielen nicht geheuer. Sie erinnern womöglich daran, selber nicht für alle Zeit durchs Leben zu hüpfen. Krank sein, das ist nicht gerade angesehen. Dazu kommt, dass man mit sich selber nicht mehr einverstanden ist. „Ich gehe krumm und sehr gebückt; den ganzen Tag gehe ich traurig einher. Denn meine Lenden sind ganz verdorrt; es ist nichts Gesundes an meinem Leibe. Ich bin matt geworden und ganz zerschlagen; ich schreie vor Unruhe meines Herzens. Herr, du kennst all mein Begehren, und mein Seufzen ist dir nicht verborgen." (Psalm 38,7-10) Gott soll helfen. Doch will er das wirklich? Denn handelt es sich bei ihm vielleicht sogar um den Verursacher der Krankheit? Der Beter des angeführten Psalms zieht diese Möglichkeit in Erwägung: „HERR, strafe mich nicht in deinem Zorn und züchtige mich nicht in deinem Grimm! Denn deine Pfeile stecken in mir, und deine Hand drückt mich. Es ist nichts Gesundes an meinem Leibe wegen deines Drohens und ist nichts Heiles an meinen Gebeinen wegen meiner Sünde." (Psalm 38,2-4)

Ist der Kranke an seinem Leiden selber schuld? Weil er sich falsch verhalten hat und Gott ihn straft? Der Mensch lebt nicht richtig, Gott ärgert sich und straft den Menschen – eine Vorstellung, die heute kaum noch anzutreffen ist. Zum Glück. Doch auch wenn ich dieses üble Erzieherbild Gottes verneine, beginnen meine Gedanken Karussell zu fahren, wenn ich erkranke. Das Leben distanziert sich von mir. Ich kann nicht mehr, wie ich gern wollte. Und frage mich: „Stimmt mit mir etwas nicht?" Nicht im Sinn irgendeines moralischen Vergehens forsche ich mich aus, trotzdem lässt mich das nicht los: „Anderen geht es besser, warum passiert das ausgerechnet mir? Was habe ich falsch gemacht, dass ich mich jetzt quälen muss?" Eine Krankheit muss man nicht als Züchtigung betrachten, aber auf viele Kranke wirkt sie trotzdem wie eine Strafe. Es kommt aber noch schlimmer. „Meine Lieben und Freunde scheuen zurück vor meiner Plage, und meine Nächsten halten sich ferne." (Psalm 38,12) So will das Grübeln kein Ende nehmen: „Was habe ich verbrochen, dass ich gemieden werde?"

Die Psalmen wollen aus peinigenden Selbstbefragungen befreien. Zu all dem Bösen, was Kranke und Elende erleiden müssen, sollen sie sich nicht auch noch beschuldigen. Für Gottes Zorn und seine Pfeile muss man sich nicht auch noch bedanken und sagen: „Der Mensch hat es verdient." Nein, so einfach ist die Welt nicht gestrickt. Als ob alles Böse beispielsweise aus meiner verruchten Psyche kommt und alles Gute dann von Gott. Was soll ein Kind verbrochen haben, das an Krebs erkrankt? Was haben Eltern falsch gemacht, deren Kind als Totgeburt das Licht der Welt nie erblickt?

Und noch weiter lässt sich fragen: Wenn Freundschaft oder Liebe zerbricht, liegt der Grund für die Zerstörung allein im Menschen? Oder ganz banal gefragt: Wenn es zu einem Unfall auf Glatteis kommt, hätte dann ein besseres Reifenprofil alles verhindern können? Nein, es leuchtet nicht ein, dass Menschen allen Schrecken fabrizieren. Natürlich, es gibt Feinde, Gegner, meine miesen Taten. Aber alle böse Macht der Welt haben Menschen nun mal nicht. Es gibt Erdbeben, Stürme und Widrigkeiten, die ohne jede menschliche Unterstützung dunkle Macht ausüben. Und selbst bei Kriegen zweifle ich manchmal: Können wir selbst bei bestem Willen wirklich jede Aggression verhindern?

Die Psalmen blicken über menschliche Möglichkeiten hinaus. Sie trauen Gott Schlimmes zu. Er scheint nicht immer zu halten, was er versprochen hat: Sich nämlich in Treue liebevoll den Menschen zuzuwenden. Sich Gott mit dunklen Seiten vorzustellen, kostet nicht nur Mut, sondern klingt furchtbar. Ich folge den Psalmen in ihrem schillernden Gottesbild, weil die Alternative hoffnungslos und für mich schrecklicher wäre. Wenn Gott nicht verantwortlich wäre, würde nicht er, sondern irgendein unangreifbares, anonymes Schicksal das Böse schicken. Ich würde es nicht kennen, könnte es nicht benennen und mich auch nirgendwo beschweren. Gottes Zuständigkeit wäre begrenzt, er könnte nur noch weinen, machtlos sein und sagen: „Auch wenn ich wollte, ich bin zu schwach. Ich kann nichts ändern." Es wäre das Ende. Ein Ende, dem die Psalmen jegliche Gefolgschaft verweigern. Sie hoffen stets auf einen Anfang, weil sie glauben: Gott gebärdet sich mitunter rätselhaft. Warum das so ist, dafür haben die Psalmen keine Antwort, dafür gibt es keine Antwort. Sie wollen jedoch nicht verstummen, sondern lieber schreien – und zwar in eine bestimmte Richtung, zu Gott, den sie für mächtig in jeder Hinsicht halten. Sie hoffen auf Änderung, ihre Sehnsucht wollen sie nie begraben.

Dabei gehen sie unterschiedlich vor. Zunächst einmal durchbrechen sie die heute oft gängige Gebetspraxis, die Gott gegenüber niemals wütend wird und jede Klage rasch mit Lob verschlingt. Befreiend an den Psalmen: Sie verschweigen Wut und Wahrheit nicht und klagen Gott an. Dadurch stehlen sie sich dem Glauben allerdings nicht davon. Weil sie Gott das Dunkle unter die Nase reiben, vertrauen sie umso mehr auf Gott. Sie reden die Realität nicht schön, sondern hoffen, dass Gott sich und das Leid ändert.

Mir jedenfalls reicht es nicht, wenn man sagt: „Gott lächelt immer und hält dich an der Hand." Das kann spätestens dann nicht mehr trösten, wenn ich erlebe, dass Gott in die Ferne rückt. Den Psalmen ist die Botschaft vom angeblich ununterbrochenen Liebreiz Gottes verdächtig. Natürlich hoffen sie auf Gott mit Zuversicht! Aber sie pflegen keinen Gewissheitston, sondern halten ihre Zuversicht zuweilen in der Schwebe. Sie haben den Mut zum Konjunktiv. „Ach, dass die Hilfe aus Zion über Israel käme und der HERR sein gefangenes Volk erlöste! So würde Jakob fröhlich sein und Israel sich freuen." (Psalm 14,7) Gott wird zum Handeln aufgefordert, indem man ihm eine Belohnung verspricht: „Wir freuen uns, wenn du handelst." Vorsichtig wird Gott unter Zugzwang gebracht.

Psalm 73 ist ein weiteres Beispiel dafür, dass man vor Gott ausbreitet, was er anrichtet oder traurigerweise unterlässt. Gut und Böse und die Gründe dafür sind unlösbar verknotet – und niemand kann den Knoten entwirren. Gott wird gefragt: Honorierst du es denn nicht, wenn man sich auf dich verlässt? „Siehe, das sind die Gottlosen; die sind glücklich in der Welt und werden reich. Soll es denn umsonst sein, dass ich mein Herz rein hielt und meine Hände in Unschuld wasche? Ich bin doch täglich geplagt, und meine Züchtigung ist alle Morgen da. So sann ich nach, ob ich's begreifen könnte, aber es war mir zu schwer, bis ich ging in das Heiligtum Gottes und merkte auf ihr Ende." (Psalm 73,12-14.16) Die tägliche Plage ist nicht zu erklären. Grübeln führt nicht weiter. Was hilft: Die Ratlosigkeit vor Gott ausbreiten und sich die Machtlosigkeit derer ausmalen, die einen bedrücken. Das Leiden vervielfacht sich noch, wenn dunkle Begebenheiten wieder und wieder vor dem inneren Auge ablaufen. Man wird immer schwächer, sieht unablässig die Bilder der Demütigung. Der Psalm träumt davon, dass den Mächtigen Schwäche eingeflößt wird. Dieses Träumen ist eine weitere von den Psalmen gelegte Spur, die aus dem Irrgarten des Leidens lotsen kann.

Damit aber noch nicht genug der Wege, mit denen man darauf reagiert, dass Gott sich oft dunkel verhält. Man will ihn nicht nur im Konjunktiv bedrängen und weist ihn nicht nur darauf hin, dass er auch für Gute endlich einmal Gutes übrig haben soll. Das Leiden ist so heftig, dass man Gott auch provoziert. Die Psalmen konfrontieren ihn damit, dass er denen hilft, die es gar nicht nötig haben. „Errette mich vor dem Gottlosen mit deinem Schwert, vor den Leuten, HERR, mit deiner Hand, vor den Leuten dieser Welt, die ihr Teil haben schon im Leben, denen du den Bauch füllst mit deinen Gütern, deren Söhne auch noch satt werden und ihren Kindern ein Übriges hinterlassen." (Psalm 17,13-14) Gott, beschenkst Du etwa die ohnehin Reichen, füllst du etwa die Reichen mit Gütern und lässt die Armen leer ausgehen? Damit bin ich nicht einverstanden, sagt der Beter. Er träumt, aus dem Alptraum aufzuwachen. „Ich aber will schauen dein Antlitz in Gerechtigkeit, ich will satt werden, wenn ich erwache, an deinem Bilde." (Psalm 17,15)

Je größer die Schmerzen, desto mutiger werden die Psalmen. Beten macht nicht klein – im Gegenteil. In der Verzweiflung wird der offene Konflikt gesucht, Gott eine logische Schwäche attestiert, sich über ihn mokiert. Wer sich am Ende fühlt, hat nichts zu verlieren. So lassen die Psalmen alle Vorsicht fahren: Gott, schalte deinen Verstand mal ein! Was hast du davon, wenn du mit Todesatem agierst? „Wirst du an den Toten Wunder tun, oder werden die Verstorbenen aufstehen und dir danken? Wird man im Grabe erzählen deine Güte und deine Treue bei den Toten? Werden denn deine Wunder in der Finsternis erkannt oder deine Gerechtigkeit im Lande des Vergessens?" (Psalm 88,11-13) Diese rhetorischen Fragen wird doch wohl auch Gott richtig beantworten können, wenigstens das müsste ihm noch gelingen. Die Provokation gegen Gott ist zugleich ein verstecktes Geständnis der Liebe. Die Psalmen entlassen ihn nie aus ihrer Hoffnung. Nichts lieber wollen sie als ihn loben – was aber nur geht, wenn Gott Leben rettet. „Was nützt dir mein Blut, wenn ich zur Grube fahre? Wird dir auch der Staub danken und deine Treue verkündigen?" (Psalm 30,10)

So hart die Psalmen klingen: Sie versuchen alles, um Gott zu wecken. Nicht weil sie Gott gering schätzen, sondern weil sie höchste Achtung vor ihm haben, vor dem, was er kann, aber leider nicht immer tut. Mit der Dunkelheit, die ihn umgibt, wollen sie sich nicht begnügen. Sie zerren ihn ans Licht, damit er sich nicht mehr die Augen reibt. „Gott ist nicht tot", sind die Psalmen überzeugt. „Er schläft." Und wer schläft, erwacht stets wieder. Wann das sein wird, weiß niemand. Dass es geschehen wird, ist die Überzeugung der Psalmen. Man darf Gott rütteln und ihn stören. Das Klagen will mit dem Mut infizieren, Gottes Schlaf zu stören. Und das am besten nicht nur einzeln, sondern mit anderen zusammen. Dann wird der Lärm lauter.

Psalm 44,10-27

Warum verstößest du uns denn nun
und lässest uns zuschanden werden
und ziehst nicht aus mit unserm Heer?
Du lässest uns fliehen vor unserm Feind,
dass uns berauben, die uns hassen.
Du gibst uns dahin wie Schlachtschafe
und zerstreust uns unter die Heiden.

Das Leben wird zur Flucht. Jeder Tag gleicht einer Niederlage. Die Zeit ist reif, den Schrecken an Gott zu adressieren. Punkt für Punkt wird er jetzt aufgelistet – ohne Angst vor Anstandslosigkeit. Wenn Gott lahmt, darf man ihm die Meinung sagen: Wie kann ein guter Hirte die ihm anvertrauten Schafe denn zum Schlachten führen?

Du verkaufst dein Volk um ein Nichts
und hast mit ihrem Kaufgeld nichts gewonnen.
Du machst uns zu Schmach bei unsern Nachbarn,
zu Spott und Hohn bei denen, die um uns her sind.
Du machst uns zum Sprichwort unter den Heiden,
lässt die Völker das Haupt über uns schütteln.
Täglich ist meine Schmach mir vor Augen,

und mein Antlitz ist voller Scham,
weil ich sie höhnen und lästern höre
und muss die Feinde und Rachgierigen sehen.

Niemand kann den Spott anderer immerzu hinunterschlucken. Wer bei Hohngesängen ständig nickt, zerfrisst sich selbst. Warum sollten wir uns schämen und dadurch immer krummer machen? Ich stelle mich jetzt vor dich in der ganzen Größe, so hast du uns Menschen schließlich auch geschaffen, Gott! Wir hätten da einmal paar Fragen. Wenn du groß und mächtig bist, dann wird du sie vertragen. Wenn wir etwas für unser Unglück können, wollen wir nichts sagen. Wir müssen aber sagen:

Dies alles ist über uns gekommen;
und wir haben doch dich nicht vergessen,
an deinem Bund nicht untreu gehandelt.
Unser Herz ist nicht abgefallen
noch unser Schritt gewichen von deinem Weg,
dass du uns so zerschlägst am Ort der Schakale
und bedeckst uns mit Finsternis.
Wenn wir den Namen unsres Gottes vergessen hätten,
und unsre Hände aufgehoben zum fremden Gott:
würde das Gott nicht erforschen?
Er kennt ja unsres Herzens Grund.
Doch um deinetwillen werden wir täglich getötet
und sind geachtet wie Schlachtschafe.

Es darf nicht sein, dass wir immer müder werden, die Lähmung uns ergreift, die Erinnerung vergeht, die Hoffnung zerstiebt.

Um unsretwillen, aber noch viel mehr um deines hellen Namens willen:

Wache auf, Herr! Warum schläfst du?
Werde wach und verstoß uns nicht für immer!
Warum verbirgst du dein Antlitz,
vergissest unser Elend und unsre Drangsal?
Denn unsre Seele ist gebeugt zum Staube,
unser Leib liegt am Boden.
Mache dich auf, hilf uns
und erlöse uns um deiner Güte willen!

Der Tod als Lehrer für das Leben

Ein Loblied auf das Diesseits

Der Hoffnung auf ein Leben nach dem Tod widmen sich die Psalmen kaum. Im Alten Testament insgesamt taucht der Tod meist als Macht auf, die das Ende bringt. Nüchtern wird gesagt: Er ist die Scheidung vom Leben. Dann kommt nur noch Stille. Erst nach und nach, vorsichtig und in Bildern, spiegeln jüngere Texte des Alten Testaments eine weiterreichende Hoffnung wider: Mit dem Tod ist das Leben doch noch nicht am Ende. Wenn Gott mächtig ist, wird er das Duell auch mit dem Tod nicht scheuen. „Gott wird mich erlösen aus des Todes Gewalt; denn er nimmt mich auf." (Psalm 49,16) Das kann beides heißen: Gott rettet innerhalb des Lebens aus tödlicher Gefahr, er breitet die Arme aus für den, der vor Gegnern und Krankheit flieht. Aber es schwingt noch etwas anderes mit, das Aufnehmen des Menschen durch Gott kann auch übertragen verstanden werden: Selbst wenn dich der Tod erwischt, hält Gott seine Arme offen. Wohin Gottes Arme führen, wird nicht gesagt. Bei den Psalmen handelt es sich nicht um philosophisch-theoretische Texte, die über den Zustand der Ewigkeit oder des Paradieses spekulieren. Behauptet wird allein: Gott ist da, er scheut keine Finsternis, auch nicht die des Todes. Gott will sie verwandeln.

Führe ich gen Himmel, so bist du da;
bettete ich mich bei den Toten, siehe, so bist du auch da.
Nähme ich Flügel der Morgenröte
und bliebe am äußersten Meer,
so würde auch dort deine Hand mich führen
und deine Rechte mich halten.
Spräche ich: Finsternis möge mich decken
und Nacht statt Licht um mich sein –,
so wäre auch Finsternis nicht finster bei dir,
und die Nacht leuchtete wie der Tag.
Finsternis ist wie das Licht.

(Psalm 139,8-12)

Die Psalmen widersprechen dem Tod. Deshalb haben sie auch den musizierenden David als Paten für sich erkoren. Musik präsentiert nämlich auf besondere Weise die Macht des Lebens. Als König Saul eine Lanze nach dem Harfe spielenden David wirft, trifft sie nicht. Kann sie auch nicht. Es ist ein hintergründiges Bild dafür, dass Gott gegen den Tod erfolgreich streitet. Denn, so die Überzeugung der Geschichte: Wer der göttlichen Macht der Musik vertraut, kann letztlich nicht sterben.

Im Alten Testament glitzert eine Hoffnung über den Tod hinaus. Vorherrschend aber sind die nüchternen Vorstellungen vom Tod als Ende. Es lohnt sich, auch sie nicht mit Kopfschütteln abzutun: „Uralt und überholt!" Die Vorstellung, dass mit dem Tod nicht alles zu Ende ist, ermutigt mich. Aber auch die viel zahlreicheren Psalmentexte, die den Tod als Schlusspunkt sehen, können weiterhelfen – gerade weil sie nüchtern sind. Sie reden die Wucht des Todes nicht schön, seine Macht wird nicht unterschätzt. Sie klagen: „Die Toten werden dich, HERR, nicht loben, keiner, der hinunterfährt in die Stille." (Psalm 115,17) Das Totenreich ist eine Schattenwelt. „Wenn der HERR mir nicht hülfe, läge ich bald am Orte des Schweigens." (Psalm 94,17) Keine Qualen und kein Feuer gibt es, still und leblos ist es dort. Das Totenreich ist von der Welt der Lebenden vollständig getrennt, erst nach dem letzten Atemzug wird es betreten. Es ist jedoch so mächtig, dass es seine Grenzen zeitweise ausdehnen kann. Selbst die, die noch atmen, können dann den Hauch des Todes ahnen. Wer mit den folgenden Worten betet, lebt noch – und spürt doch zugleich die energische Hand des Todes.

Es umfingen mich des Todes Bande,
und die Fluten des Verderbens erschreckten mich.
Des Totenreiches Bande umfingen mich
und des Todes Stricke überwältigten mich.
Als mir angst war, rief ich den HERRN an
und schrie zu meinem Gott.
Da erhörte er meine Stimme von seinem Tempel,
und mein Schreien kam vor ihn zu seinen Ohren.
Er führte mich hinaus ins Weite,
er riss mich heraus; denn er hatte Lust zu mir.

(Psalm 18,5-7.20)

Gott ist kein Asket. Seine Lust lebt er aus und widmet sich besonders denen, die am Rand des Lebens gefangen liegen. Er hilft ihnen, sich aus der Hand des Todes zu entfesseln – was umgekehrt heißt: Der Tod scheint ungeheuer gefährlich.

Man könnte folgern: Das Leben muss für die Menschen damals trübsinnig gewesen sein. Stets hatten sie das drohende und endgültige Ende vor Augen. Und eine weiterreichende Hoffnung war allenfalls vorsichtig am Schimmern. Heute, ließe sich ebenso folgern, müsste man gelassener sein. Schließlich gibt es eine ausgeprägtere Hoffnung auf ein Weiterleben nach dem Tod. Die Leichtigkeit des Lebens müsste größer sein. Doch seltsam: Es scheint gerade umgekehrt zu sein. Trotz der Todeswucht sind die Psalmen von großer Lebenslust durchzogen. Vielleicht ist das aber auch nicht verwunderlich? Das Leben gilt in den Psalmen als unvergleichlich wertvoll, es wird darum gerungen und gekämpft. Begrenzt lebt man konzentrierter. Die Natur, Düfte und Gerüche, das Essen, Backen, Kochen und Trinken, die erotische Lust, die Erdenkrumen und die Zedernwipfel werden im Alten Testament und auch in den Psalmen hymnischer besungen als im Neuen Testament. Dort geht es oft um Himmelsfreuden, gekleidet ist diese Freude in theologisches Vokabular, was mitunter abstrakt anmutet. Im Alten Testament kann die Freude nicht verschoben werden auf ein Später. Entsprechend heftiger regt sich der Schmerz. Die Angst vor dem Tod ist lauter. Gott wird stürmisch angegangen, sich für das von ihm geschaffene Leben einzusetzen. Man hat keine Zeit zu überlegen, ob es überhaupt erlaubt ist, so energisch an Gottes Tür zu klopfen oder mit den Fäusten auf sie einzutrommeln. Das Gespräch mit Gott wird abenteuerlicher.

Vielleicht macht es sogar weise, wenn man das Leben als begrenzt erfährt: „Lehre uns bedenken, dass wir sterben müssen, auf dass wir klug werden". (Psalm 90,12) Das Leben wird reich, weil es ein Ende hat. Nie gerät es in Gefahr nicht hoch genug geschätzt zu werden – wie das passieren kann, wenn das Leben nur als vorläufig verstanden wird. Was nicht ewig dauert, ist kostbar. Gott wird als Anwalt des diesseitigen Lebens angesehen, jetzt soll er sich engagieren – und nicht erst später. Der Umgang mit dem Tod wird in den Psalmen nicht reguliert, folgt keiner Ordnung.

Damit befinden sich die Psalmen nicht im Fahrwasser mancher Sterbeexperten. Es gibt heute Ratgeber und Modelle, die helfen wollen, den Tod einzuüben. Sterben sei ein Abschiednehmen in Stufen, heißt es. Und jede Phase müsse durchlaufen werden. Ich will nicht bezweifeln, dass Sterbende verschiedene Gemütszustände durchschreiten. Das Sterben jedoch als einen logischen, manchmal sogar zwangsläufigen Ablauf zu sehen, ist mir zu technisch. Schlimm wird es, wenn man bei der Begleitung von Sterbenden denkt: „Da stimmt doch etwas nicht, warum hört die Phase Wut nicht auf? Jetzt muss doch irgendwann einmal die Stufe Akzeptanz kommen!" Solche Ablaufpläne klingen mir zu künstlich. Was soll ich von jemandem erwarten, der jung ist und von seinem nahen Tod erfährt? Es ist doch natürlich, wenn er durch die Krankenhausgänge tobt und – getrieben von seiner Liebe zum Leben – wütend stirbt und den Tod überhaupt nicht akzeptiert.

Die Psalmen würde solch ein Verhalten nicht schockieren. Modelle, die Schritt für Schritt ins Sterben weisen, sind den Psalmen zu lebensfern. Sie wünschen schlicht und einfach zu leben. „HERR, sei mir gnädig, sieh an mein Elend unter meinen Feinden, der du mich erhebst aus den Toren des Todes, dass ich erzähle all deinen Ruhm, in den Toren der Tochter Zion fröhlich sei über deine Hilfe." (Psalm 9,14.15) Gott wird ein ihm gebührendes Verhalten zugerufen – in der Hoffnung, dass er sich nicht Mühe macht sich etwas anderes zu überlegen. „Du wirst mich nicht dem Tode überlassen und nicht zugeben, dass dein Heiliger die Grube sehe." (Psalm 16,10) Das Leben ist kostbar bis auf den letzten Tropfen. Der Tod wird nicht ersehnt. Und trotzdem: Er kann vom Gegner zum Verbündeten werden, weil er die Gier nach Herrlichkeit und Reichtum entlarvt. Der Tod tröstet, indem er Unterschiede beseitigt – und ermutigt dadurch die, die nicht zu den Ersten zählen.

Verlasset euch nicht auf Fürsten;
sie sind Menschen, die können ja nicht helfen.
Denn des Menschen Geist muss davon,
und er muss wieder zu Erde werden;
dann sind verloren alle seine Pläne.

(Psalm 146,3.4)

Auch die Weisen sterben,
so wie die Toren und Narren umkommen;
sie müssen ihr Gut andern lassen.
Gräber sind ihr Haus immerdar, ihre Wohnung für und für,
und doch hatten sie große Ehre auf Erden.
Ein Mensch in seiner Herrlichkeit kann nicht bleiben,
sondern muss davon wie das Vieh.
Dies ist der Weg derer, die so voll Torheit sind,
und das Ende aller, denen ihr Gerede so wohl gefällt.

(Psalm 49,11-14)

Durch ihr Todesverständnis gewinnen die Psalmen dem Leben neue Perspektiven ab. Der Tod beschränkt die unterdrückerische Macht der Herrlichen und Geschwätzigen, sie kann nicht ewig bleiben. Doch noch mehr: Die Psalmen sind dem Leben gegenüber so sensibel, dass sie auch todesähnliche Zustände inmitten des Leben nicht verschweigen. Sie verwenden die Bildwelt des Todes, um zu zeigen, wo das Leben Lebendigkeit vermissen lässt.

Meine Kraft ist verfallen durch meine Missetat,
und meine Gebeine sind verschmachtet.
Vor all meinen Bedrängern bin ich ein Spott geworden,
eine Last meinen Nachbarn
und ein Schrecken meinen Bekannten.
Die mich sehen auf der Gasse,
fliehen vor mir.
Ich bin vergessen in ihrem Herzen wie ein Toter;
ich bin geworden wie ein zerbrochenes Gefäß.
Denn ich höre, wie viele über mich lästern:
Schrecken ist um und um!
Sie halten Rat miteinander über mich
und trachten danach, mir das Leben zu nehmen.

(Psalm 31,11-14)

Ausgerechnet dann, wenn einem Kräfte fehlen, fehlt oft die Unterstützung. Menschen schneiden einen, haben plötzlich immerfort zu tun, man findet keinen Atem. Niemand ruft an, der Briefkasten bleibt leer. Jede Bewegung fällt nun schwer. Die Leute werden hektisch, wenn man in ihre Nähe kommt. Das muss keine Absicht sein – ist vielleicht nur Überforderung, wenn ein Gebeugter die Lebendigen streift. Todesähnliche Zustände inmitten des Lebens gibt es viele: Wenn jemand stirbt – und das Leben bei den Trauernden einen tiefen Riss erfährt. Wenn eine Freundschaft, Ehe, eine Partnerschaft zerbricht, verschwindet ein Teil des eigenen Lebens in der Grube. Der rote Faden ist verloren. Kein Antrieb mehr. Oder die Sache mit den Prüfungen, wenn an wenigen Tagen über die berufliche Zukunft und auch über mehrere Monate, vielleicht Jahre vorherigen Lernens entschieden wird. Der Druck wächst, bis die Schlaflosigkeit Triumphe feiert. Kein Appetit mehr. Das Herz rast. „Was machst du jetzt?“ fragte ich eine Medizinstudentin nach den harten Prüfungstagen. „Ich gehe auf den Markt Zwetschgen kaufen.“ Seit fünf Monaten sei sie nicht mehr dort gewesen, habe sich hastig nur im Supermarkt mit dem Nötigsten versorgt. Monate der Leblosigkeit im Leben.

Manche müssen solche Zustände als eine kaum zu ertragenden „Normalität“ erleiden, wenn sie nicht mehr aus der Wohnung, nicht mehr laufen können. Wer nicht Auto fährt und auf dem Land lebt, kommt aus eigener Kraft kaum noch in ein Geschäft. Im Leben breitet sich der kalte Hauch des Todes aus. Die Psalmen kennen ihn, verschweigen und bagatellisieren ihn nicht. Und sie klagen darüber, dass Menschen sich am Tod inmitten des Lebens beteiligen und andere ins Abseits jagen. „Der Feind verfolgt meine Seele und schlägt mein Leben zu Boden, er legt mich ins Finstere wie die, die schon lange tot sind.“ (Psalm 143,3) Selbst Gott, vermuten die Psalmen, scheint gegen die Ausbreitung des Todes nicht genug zu unternehmen. „Ich bin denen gleich geachtet, die in die Grube fahren, ich bin wie ein Mann, der keine Kraft mehr hat. Ich liege unter den Toten verlassen, wie die Erschlagenen, die im Grabe liegen, derer du nicht mehr gedenkst und die von deiner Hand geschieden sind. Du hast mich hinunter in die Grube gelegt, in die Finsternis und in die Tiefe. Dein Grimm drückt mich nieder, du bedrängst mich mit allen deinen Fluten." (Psalm 88,5-8)

Aber gerade weil die Psalmen alle Spielarten des Todes kennen, halten sie umso mehr am Leben fest. Sie nennen den Tod beim Namen, um ihn zu bannen. Sie wollen sich nicht arrangieren. Sie protestieren, beklagen den Tod, entlarven ihn, wollen Gott provozieren, fragen ihn, wer denn nun bitteschön mächtiger sei. Mit ihren Gesängen wollen sie Gott verpflichten, sich auf die Seite des Lebens zu stellen.

Psalm 30

Ein Psalm Davids, ein Lied zur Einweihung des Tempels.

Ich preise dich, Herr;
denn du hast mich aus der Tiefe gezogen
und lässest meine Feinde sich nicht über mich freuen.
Herr, mein Gott, als ich schrie zu dir,
da machtest du mich gesund.
Herr, du hast mich von den Toten heraufgeholt;
du hast mich am Leben erhalten,
aber sie mussten in die Grube fahren.
Lobsinget dem Herrn, ihr seine Heiligen,
und preiset seinen heiligen Namen!
Denn sein Zorn währet einen Augenblick
und lebenslang seine Gnade.

Den Abend währet das Weinen,
aber des Morgens ist Freude.
Ich aber sprach, als es mir gutging;
Ich werde nimmermehr wanken.
Denn, HERR, durch dein Wohlgefallen
hattest du mich auf einen hohen Fels gestellt.

Wunderbar, wenn das Weinen nur eine kleine Weile dauert. Gott klopft jeden Morgen an die Tür und überreicht Blumen. Ich lache, bin in Frühlingslaune. Jedoch: Es gibt auch einen Morgen, an dem niemand klopft. Am Abend herrscht Weinen und am Morgen haben die Tränen nicht aufgehört zu fließen. Die Worte vom Leben, das aufgeht wie die Sonne, halten der Realität nicht stand. Gespenstisch ist der Tod, der Verlust zu groß. Da ist die Angst, aus dem Dunkel nicht mehr ins Licht zu finden.

Aber als du dein Antlitz verbargest, erschrak ich.
Zu dir, HERR, rief ich,
und zum Herrn flehte ich:
Was nützt dir mein Blut, wenn ich zur Grube fahre?
Wird dir auch der Staub danken
und deine Treue verkündigen?
HERR, höre und sei mir gnädig!
HERR, sei mein Helfer!

Ich wurde wach, es kam die Wut. Endlich spürte ich die Kraft, mich der Finsternis nicht auszuliefern. Ich begann zu handeln und bat Gott zum Tausch. Wenn du, Gott, dich als Liebhaber des Lebens zeigst, dann – versprach ich – werde ich dir singen.

Du hast mir meine Klage verwandelt in einen Reigen,
du hast mir den Sack der Trauer ausgezogen
und mich mit Freude gegürtet,
dass ich dir lobsinge und nicht stille werde.
Herr, mein Gott, ich will dir danken in Ewigkeit.

Wenn die Vergangenheit die Gegenwart betört

Die Kraft der alten Zeiten

Wer rückwärts schaut, muss sich dafür oft entschuldigen. Es ist unmodern, in der Vergangenheit zu stöbern. Wenn fertig gestellte Gebäude den Stil von vor zehn Jahren tragen, wirkt das bereits kurios. Die Zukunft ist das Lieblingsthema derer, die die Welt gestalten wollen. Wer Geschichten von früher erzählt, wird eher überhört. Sich in die Vergangenheit einzuhören, strengt eben manchmal an. Wenn mein Großvater erzählte, öffneten sich Jahrzehnte, Länder, Abenteuer. Dann hatte er seine Brille vor sich auf den Tisch gelegt, er rieb sich die Augen, die er meist geschlossen hielt, um sich noch besser in die Vergangenheit einzusehen. Dem Kind blieb es vorbehalten, bei seinen Erzählungen vorsichtig nachzufragen. Mein Großvater nickte. Dann kam die Antwort, die wiederum eine Erzählung war. Später, als Jugendlicher, versuchte ich auch etwas aus meiner Welt einzufädeln. Das konnte er nicht gut verstehen. Die Schwerhörigkeit schien in solchen Augenblicken zuzunehmen. Aber selbst wenn er aufgehorcht hätte, wäre meine Gegenwart in seiner Vergangenheit mit Sicherheit verloren gegangen. Denn groß angelegt war der Aufbau des Erzählens. Die unzähligen Fäden, mit denen Opa spielte, durften sich nicht verwirren, ein buntes Fresko, das sich über mehrere Stunden legen konnte. Das Enkelkind stöhnte manchmal leise.

Die Vergangenheit zog mich aber wiederum auch an. Mir gefiel es, alte Fotoalben anzusehen. „Nicht immer in der Vergangenheit stöbern!" rügte mein Vater. Ich überhörte das. Die Schwarzweißfotos konnten in mir farbige Spuren legen. Erinnerungen entstanden, bei denen ich heute nicht sicher bin: Habe ich es wirklich so erlebt? Oder ist dafür eine Fotografie verantwortlich, auf der ich abgebildet war, verbunden mit dem, was ich mir zu dem Bild zusammenreimte? Bald war ich als Kind in alten Urkunden und Zeitungsberichten zu Hause. Ich war auf ein kleines Schubladenarchiv gestoßen, in dem ich Informationen über die sportlichen Leistungen meines Vaters fand. Die Existenz einer solchen Sammlung von Zeugnissen aus der Vergangenheit verwunderte mich ein wenig: „Nicht immer in der Vergangenheit stöbern!", mahnte mein Vater doch. Ganz so ernst musste er die Mahnung nicht gemeint haben. Ohne Zögern erzählte er die zu den Dokumenten gehörigen Geschichten.

Das Gestern braucht die Gegenwart nicht zu behindern. Geschichten können Lichter sein, die ermuntern. Ich kann Entdeckungen machen, die mich die Gegenwart neu betrachten lassen. Das Heute normiert mich nicht, wenn ich ein Gestern kenne. Und wenn ich ausschließlich in die Zukunft schaute, müsste ich das Leben jeden Tag neu erfinden.

Die Psalmen schauen gern zurück. Kein distanziertes Betrachten der Vergangenheit ist das, wie Historiker es lehren. Die biblischen Lieder ersparen sich emotionsloses Quellenstudium.

Im Schulfach Geschichte erhielten die Psalmen Note sechs. Denn wenn sie die Vergangenheit wiederholen, ist da kaum Distanz. Stattdessen fragen sie stets: Was heißt das für heute?

Unsere Väter hofften auf dich;
und da sie hofften, halfst du ihnen heraus.
Zu dir schrien sie und wurden errettet,
sie hofften auf dich und wurden nicht zuschanden.

(Psalm 22,5.6)

Das ist der Blick zurück, der im Gestern aber nicht verharrt. Denn das Erlebnis der Vorfahren wird an der Gegenwart gemessen.

Ich aber bin ein Wurm und kein Mensch,
ein Spott der Leute und verachtet vom Volke.

(Psalm 22,7)

Früher und Jetzt widersprechen sich. Die Gegenwart läuft der Vergangenheit hinterher. Gott scheint nicht so zu wollen, wie er einst wollte. Das fiele womöglich gar nicht ins Auge, wenn man nicht rückwärts schaute. Der Vergleich erlaubt es den Psalmenbetern also, auf die Gegenwart wütend zu werden. Er führt zum Protest.

Herr, Gott Zebaoth, wie lange willst du zürnen,
während dein Volk zu dir betet?
Du speisest sie mit Tränenbrot
und tränkest sie mit einem großen Krug voll Tränen.

(Psalm 80,5.6)

Die Gegenwart steckt voller Tränen. Die Vergangenheit aber war erfrischend. Statt nach Tränensalz schmeckte das Leben wie der Saft von Trauben. Weinstock wurde Israel genannt.

Du hast einen Weinstock aus Ägypten geholt,
du hast vertrieben die Völker und ihn eingepflanzt.
Du hast vor ihm Raum gemacht
und hast ihn lassen einwurzeln,
dass er das Land erfüllt hat.
Berge sind mit seinem Schatten bedeckt
und mit seinen Reben die Zedern Gottes.
Du hast seine Ranken ausgebreitet bis an das Meer
und seine Zweige bis an den Strom.
Warum hast du denn seine Mauer zerbrochen,
dass jeder seine Früchte abreißt, der vorübergeht?

(Psalm 80,9-13)

Nichts ist mehr, wie es früher war. Das klingt fast wie das übliche Lamentieren: „Früher war alles besser, die Jugend hörte keine krachende Musik. Heute trägt sie zu gewagte Kleidung und ist nicht höflich.“ Die Jugend allerdings kann beim besten Willen nicht dafür verantwortlich sein, worüber die Psalmen trauern. Die Gegenwart windet sich in Schmerzen, weil Heimat und Geborgenheit zerbrochen sind. Niemand ist da, der Schutz geben könnte. Der Wein ist sauer. Und der Weinberg ist verwüstet. Bilder, in denen man sich heute unversehens wiederfinden kann: Etwas ist kaputt gegangen. Alle Fantasie und Mühe habe ich aufgewendet, um von der Straße der Sicherheit nicht abzukommen. Ich habe sie auch nicht verlassen, doch wie von selbst ist man in den Wegesgraben geraten. Ich stecke fest. Angstvoll und mit Sehnsucht schaut man zurück: Wird es jemals wieder so wie früher, kommt die Geborgenheit zurück – ein Sommer voller Leichtigkeit, die Frische, der Genuss vergangener Tage?

Ich zögere jedoch, auf diese Weise mit den Psalmen zu klagen. Vielleicht ist es kein guter Weg, sich mit Bildern vergangenen Glücks zu überschwemmen. Denn an die Zeit zu denken, als es gut ging, macht die Wunden nicht selten tiefer. Die Vergangenheit kann auch gefangen nehmen. Ein neuer Anfang kostet große Mühe, gerade wenn ich ständig sage: „Früher war es leichter." Ein Satz, der lähmen kann und mich stets traurig hocken lässt, selbst wenn ich kleine Fortschritte erzielen könnte. In diesem Fall ermuntert der Blick zurück nicht, sondern baut einen unüberwindlichen Graben auf. Das zurückliegende Glück kann die Gegenwart nicht mehr berühren. Es ist zur bloßen Tradition geworden, die nicht mehr in die Gegenwart übertragen werden kann.

Auch beim Besuch von Gottesdiensten kann es geschehen, dass die Vergangenheit lähmt. Oft finde ich eine Geste, ein Lied, ein Wort, das mich im Augenblick anspricht. Manchmal aber bleibt das Glück der Tradition stumm. Sie wird verlesen und dargestellt. Und doch trifft sie viele Menschen nicht. So großartig sind die Worte und Geschichten von früher, dass die Gegenwart darunter fast zerbricht und unerheblich wird. Die wundersame, gottmächtige Ahnenzeit findet dann kein Schlupfloch in die Gegenwart. Die Vergangenheit erdrückt.

Aber genau das wollen die Psalmen nicht! Sie berufen sich auf die Tradition, um zu befreien. Das ist ihr liebstes Thema beim Blick in die Vergangenheit: Befreiung. Wie Gott die Fesseln der Sklaverei zerriss, erzählen die Psalmen mehrfach. Mose ging zum ägyptischen Pharao: „Lass das Volk frei!" Der sagte: „Nein!" Plagen kamen. Heuschrecken, Hagel und vieles mehr. Aber der Herrscher Ägyptens ließ sich nicht erweichen, er war nicht sklavenfreundlich. Die Gefangenen flohen. Ein Meer blockierte ihre Flucht. Von hinten preschten die Sklaventreiber Ägyptens in luxuriösen Kriegswagen heran. Gott, der Wettergott, spielte mit Wassermassen. Zur rechten Zeit schob er sie beiseite. Die Fliehenden fanden den Weg ins Freie, die Sklavenprofiteure aber konnten auch von ihren wunderbaren Rüstungen nicht mehr profitieren. Sie versanken im Schlamm.

Die Befreiten hatten allerdings nun einen fast endlos langen Weg vor sich – durch die Wüste. Gott verlor sein Befreiungswerk nicht aus den Augen. Aus hartem Fels kam Flüssiges: Wasser, das den Durst beim langen Wandern stillte. Und am Schluss der vielen Wanderjahre geschah: Der Fluss Jordan, die Grenze zum ersehnten Land für Israel, wurde nicht zur unüberwindlichen Mauer. Das Volk fand eine Furt. Spätestens seit diesem Zeitpunkt war Gott, der sich bis dahin als Wettergott einen Namen machte, für Israel viel mehr: Der Gegner von Fesseln, Sklaverei und aller Luft, die nach Gefängnis riecht.

Wer mit den Psalmen in die Tradition schaut, soll sich nicht gefangen fühlen. Die Sehnsucht auf Befreiung wird neu genährt. Eine Gegenwart, die traurig ist, gilt nicht als unabänderlich. Was früher möglich war, soll stattdessen auch heute noch geschehen. Allein das Beten, das Wiederholen der Geschichte des Auszugs aus Ägypten, versetzt in Hoffnung. Flucht ist möglich.

Die Berge hüpften wie die Lämmer,
die Hügel wie die jungen Schafe.
Was war mit dir, du Meer, dass du flohest,
und mit dir, Jordan, dass du dich zurückwandtest?
Ihr Berge, dass ihr hüpftet wie die Lämmer,
ihr Hügel, wie die jungen Schafe?
Vor dem Herrn erbebe, du Erde,
vor dem Gott Jakobs,
der den Felsen wandelte in einen See
und die Steine in Wasserquellen!

(Psalm 114,4-8)

Wer so betet, hofft, dass Gott die wunderbaren Geschichten der Vergangenheit in die Gegenwart verschieben kann. Das Zurückliegende kann Zukunft haben, weil es sich als singende Sehnsucht in der Gegenwart ausbreitet. Jährlich feiert die Geschichte der Sklavenbefreiung am jüdischen Passa-Fest eine festliche Gegenwart. Aber es muss nicht das Passa-Fest sein. Belebendes aus der Vergangenheit kann sich auch bei anderen Festen und Jubiläen im Jetzt ausbreiten. An Geburtstagen, an Tauf- und Hochzeitstagen wird die Freundlichkeit des Lebens hervorgeholt.

Wenn sich Konfirmanden nach 25 oder 50 Jahren treffen, wenn Paare nach 50 Jahren in die Kirche trudeln, macht sich eine fragende Hoffnung breit: Kann, was früher galt, mich heute neu erfrischen? Dann erhofft man eine Bestätigung der Vergangenheit, doch keine Kopie – womit die Jubilare im Stil der Psalmen denken. Kein Abklatsch des Vergangenen ist den biblischen Liedern wichtig, sondern die zurückliegende Befreiung soll die Gegenwart betören. „Ich bin der HERR, dein Gott, der dich aus Ägyptenland geführt hat", wird Gottes Stimme im 81. Psalm wiedergegeben. Gott selbst verweist auf die gemeinsame Vergangenheit, der er sich auch jetzt verpflichtet weiß. „Tu deinen Mund weit auf, lass mich ihn füllen." (Psalm 81,11)

Die Sehnsucht des Beters soll nie zu klein geraten. Deswegen hören die Psalmen nicht auf, in den Urkunden, farbigen Bildern und Geschichten der Vergangenheit zu kramen. Sie suchen nach Nahrung, die ihren Hunger in der Gegenwart stillen kann.

Psalm 77

Ein Psalm Asafs, vorzusingen, für Jedutun.

Ich rufe zu Gott und schreie um Hilfe,
zu Gott rufe ich und er erhört mich.
In der Zeit meiner Not suche ich den Herrn;
meine Hand ist des Nachts ausgereckt und lässt nicht ab;
denn meine Seele will sich nicht trösten lassen.
Ich denke an Gott – und bin betrübt;
ich sinne nach – und mein Herz ist in Ängsten.
Meine Augen hältst du, dass sie wachen müssen,
ich bin so voll Unruhe, dass ich nicht reden kann.

Wenn Gott doch endlich hören würde! Augenlider zucken, als ob sie nicht wüssten, dass sie auch mal ruhen dürften. Im Kopf Filme wie Fetzen. Manche sagen: „Du musst dich mit der Situation arrangieren." Das macht nur wütender. Auf der Zunge liegt nur Wortgetümmel, kein gescheiter Satz ist möglich.

Ich gedenke der alten Zeit,
der vergangenen Jahre.
Ich denke und sinne des Nachts
und rede mit meinem Herzen,
mein Geist muss forschen.
Wird denn der Herr auf ewig verstoßen
und keine Gnade mehr erweisen?
Ist's denn ganz und gar aus mit seiner Güte,
und hat die Verheißung für immer ein Ende?
Hat Gott vergessen, gnädig zu sein,
oder sein Erbarmen im Zorn verschlossen?

Wird Gott werden, wie er in den Schriften und Geschichten überliefert ist? Kann diese leidenschaftlich befreiende Vergangenheit mich jetzt erfassen? Es muss doch den Zauber geben, der einen tiefen Schlaf beschert, aus dem ich zu neuer Tageslust erwache.

Ich sprach: Darunter leide ich,
dass die rechte Hand des Höchsten sich so ändern kann.
Darum denke ich an die Taten des HERRN,
ja, ich denke an deine früheren Wunder
und sinne über alle deine Werke
und denke deinen Taten nach.

Den Schmerz der Gegenwart habe ich satt. „Stell dich in die Ecke", lache ich ihn aus: „Und dort bleibst du für immer." Ich blättere mich durch Gottes farbiges Fotoalbum. Gedanken, die nicht weiterführen, übersehe ich. Weiterführt mich die Geschichte, die erzählt, dass Gott ein Spur durchs Wasserchaos zu legen weiß.

Gott, dein Weg ist heilig.
Wo ist ein so mächtiger Gott, wie du, Gott, bist?
Du bist der Gott, der Wunder tut,
du hast deine Macht bewiesen unter den Völkern.
Du hast dein Volk erlöst mit Macht,
die Kinder Jakobs und Josefs.
Die Wasser sahen dich, Gott,
die Wasser sahen dich und ängstigten sich,
ja, die Tiefen tobten.
Wasser ergossen sich aus dem Gewölk,
die Wolken donnerten,
und deine Pfeile fuhren einher.
Dein Donner rollte, Blitze erhellten den Erdkreis,
die Erde erbebte und wankte.
Dein Weg ging durch das Meer
und dein Pfad durch große Wasser;
doch niemand sah deine Spur.
Du führtest dein Volk wie eine Herde
durch die Hand des Mose und Aaron.

Der Geringe wird aufgerichtet

Vom Ende der Benachteiligung

Wartezimmeratmosphäre, Resignation, versteckte Aggressionen. Die im Arbeitsamt mit Warten beschäftigt waren, halfen einander beim Ausfüllen der Formulare. Oder sie informierten sich in Broschüren. Viele waren still. Beträchtlich die Zahl der Türen, die es anzusteuern galt. Und vor der nächsten Tür erneut eine Schlange, Nummer ziehen, Warten. Schließlich durfte man die letzte Tür öffnen. Da saß jemand, der nach vielen Stunden Warten mit einem sprach, aber nie etwas versprach, außer – und das ist nicht ausgedacht: „Eigentlich haben Sie keine Chance."

Manchmal fuhr jemand aus der Haut, stand auf der Schwelle einer dieser tausend Türen, wollte nicht abgeschüttelt werden. So sehr er sich an die ergriffene Planke klammerte – bald war er gezwungen loszulassen und sank wieder ins unendliche Meer der Gänge. Bizarre Schuldgefühle trieben Spott mit denen, die unmerklich stöhnten: „Bin ich nicht selbst der Grund, dass ich hier sitze?" Was bei nüchterner Analyse nicht stimmte – und trotzdem: Unhörbar kroch der Satz von Wartendem zu Wartendem, ablesbar an der Körperhaltung: „Wer keine Arbeit hat, ist selber schuld."

Es gab die Idee, dass Arbeitslose ihre verloren gegangenen Stimmen wieder finden sollten. Und zwar stets an dem Tag, an dem die Arbeitslosenzahlen verkündet wurden. Ein kurzes Intermezzo war das, ein fast ohnmächtig aufflackernder Widerstand derer, die sonst schweigen. In einer Gegend, in der überdurchschnittlich hohe Arbeitslosigkeit herrschte, ritt einer auf dem Pferd zum Treffpunkt des Protests. Sonst war so gut wie niemand da – verkrochen hatten sich die Arbeitslosen, nur in den Statistiken existent. Wer hat sie gesehen? Niemand. Allenfalls in all den Kursen, den Fort- und Weiterbildungen mit Verpflichtungscharakter, in den Umschulungsmaßnahmen, bei denen man sich nicht selten fragt: Wem hilft es denn? Manchmal gibt es eine Reportage über sogenannte sozial Schwache, die mit ihren Kindern kaum anderes als Kartoffeln essen. Auf einem Fest hört man oft die Frage: „Und was machst du?" Und dann antwortet jemand: „Zur Zeit nichts." Nicht ganz so deutlich formuliert: „Ich befinde mich in einer Phase der Umorientierung." Das kann so gut wie jeden treffen, auch den, der viele Jahre sehr erfolgreich war. Wie viel Mut gehört dazu, dann die Orte aufzusuchen, wo man sich belustigt, von der Arbeit erholt und mit stolz-gehetzter Stimme sagt: „Meine Güte, habe ich viel zu tun." Wie soll jemand, der wieder arbeiten will, da noch etwas sagen? Arbeitslose sind ohne Stimme. Abgeschüttelt werden sie und passen schlecht auf Festlichkeiten. Denn für die, denen es prächtig geht, sind sie eine ärgerliche Erinnerung: Dass man selbst in die Lage geraten kann, stimmlos zu sein. Die Psalmen allerdings fühlen sich wohl bei denen, die wenig

Stimme haben. Sie sind der Klang der Abgeschüttelten. Wer ihre Worte aufschlägt, muss nicht ewig warten, sondern fühlt sich vorgelassen. Die Tür steht offen.

Aber du,
HERR, sei du mit mir um deines Namens willen;
denn deine Gnade ist mein Trost: Errette mich!
Denn ich bin arm und elend;
mein Herz ist zerschlagen in mir.
Ich fahre dahin wie ein Schatten, der schwindet,
und werde abgeschüttelt wie Heuschrecken.
Meine Knie sind schwach vom Fasten,
und mein Leib ist mager und hat kein Fett.
Ich bin ihnen zum Spott geworden;
wenn sie mich sehen, schütteln sie den Kopf.
(Psalm 109,21-25)

Aber wer sind die Elenden? Nicht nur die, die keine Arbeit haben. Und man muss nicht hungern, um sich dem Ende nah zu fühlen. Auch wer Geld besitzt, kann danach dürsten, dass das Elend ein Ende nehme. Wer Bitteres erfährt, hofft auf Süße. Wenn ich ratlos bin, landen im Korb beim Supermarkteinkauf oft besonders schöne Sachen. Es tut gut, sich Ausgefallenes zu gönnen. Doch ich bin auch traurig, dass ich mich mit gut gefüllten Tüten trösten muss. Nur wie finde ich denn die Hoffnung, die das Elend in die Ecke stellt und noch weiterreicht als der Trost von Keks und Schokolade? Was raten die Psalmen den Elenden, denen sie Stimme geben?

Sei stille dem HERRN und warte auf ihn.
Entrüste dich nicht über den,
dem es gut geht, der seinen Mutwillen treibt.
Steh ab vom Zorn und lass den Grimm,
entrüste dich nicht, damit du nicht Unrecht tust.

(Psalm 37,7.8)

Das klingt, als ob die Wut nicht nach draußen dürfte. Soll man sich demütig in ein Elend fügen, das man nicht ändern kann? Nein. Die Psalmen wollen die Elenden nur davon entlasten, das eigene Elend selbst beenden zu müssen. Man darf still sein, gerade weil die Psalmen Unrecht auch Unrecht nennen. Die Schuld an der Misere schieben sie nicht den Elenden in die Schuhe. Es gibt sie, die Mutwillen treiben: Müde, leicht genervt, gelangweilt verziehen sie die Miene, wenn sie auf Menschen treffen, die ihre Schwäche nicht kaschieren. Dann rücken die Unberührbaren lässig ab im Stil einer unausrottbaren Sicherheit: „Mir wird nie etwas passieren." Wer elend ist, findet keine Taktik, diese Sicherheit zu verwirren. Was tun? Man muss nicht zornig Unrecht tun, sondern darf still sein, weil Gott Recht schaffen wird. Er soll die Hand erheben für die, die ihm am Herzen liegen.

Noch eine kleine Zeit, so ist der Gottlose nicht mehr da;
und wenn du nach seiner Stätte siehst, ist er weg.
Aber die Elenden werden das Land erben
und ihre Freude haben an großem Frieden.

(Psalm 37,10.11)

Kein Warten auf unendlichen vielen Gängen, keine Türen mehr. Das Land steht den Elenden offen. Es ist ein göttliches Land. Aber wie soll man in dieses Land finden? Vielleicht ist diese Gegend nur eine nette biblische Geste den Elenden gegenüber, nichts Wirkliches, sondern ein Ort Nirgends, eine Utopie? Wie kann ich, wenn das Elend würgt, auf dieses Land hoffen? Indem Beispiele kursieren, die erzählen, dass das Elend gewendet werden kann. Von dieser Sehnsucht ahne ich etwas, wenn ich Stimmen lausche, die sich freuen und loben. Es ist geheimnisvoll: Die Elenden klagen nicht nur, sondern jubeln.

Ich aber bin elend und voller Schmerzen.
Gott, deine Hilfe schütze mich!
Ich will den Namen Gottes loben mit einem Lied
und will ihn hoch ehren mit Dank.
Die Elenden sehen es und freuen sich,
und die Gott suchen, denen wird das Herz aufleben.
Denn der Herr hört die Armen
und verachtet seine Gefangenen nicht.

(Psalm 69,30.31.33.34)

Die Elenden sind nicht leise, fügen sich nicht, wirken oft extrem lebendig. Sie singen, um sich aufzurichten. So gibt es Straßengesänge, Lieder der Armen, Melodien des Protests, die singend von Generation zu Generation weitergegeben werden. Wem kläglich zumute ist, findet selten eigene Worte, um der Niederlage zu widersprechen. So bauen die Bedrücker auf die Sprachlosigkeit derer, die sie klein halten. Die mundtot Gemachten sollen allenfalls kaum hörbar wimmern. Es wäre der Triumph der Mächtigen: „Gewonnen haben wir!" Die eigentlich nichts zu jubeln haben, lassen sich den Jubel aber nicht stehlen: Spirituals, Gesänge der Geknechteten, haben ihre Kraft bis heute nicht eingebüßt. Freiheitslieder werden in Unrechtsstaaten heimlich weitergereicht, wandern von Hand zu Hand, vervielfältigen sich, klingen von Ohr zu Ohr. Auch Witze über Mächtige kursieren. Das Lachen entlarvt. Jeder Ton und jedes Aufklingen der Stimme ist ein Stich gegen die, die sich vom Elend niemals berühren lassen wollen.

All diese Klänge können als Lobeshymnen und Dankgesänge an Gott verstanden werden, der sich auf die Seite der Elenden stellt. Wer die Psalmen betet, beteiligt sich an diesem jubelnden Protest. Dort werden keine Geschichten ausgebreitet, die sanft mahnen: „Vergesst die Bettler und Obdachlosen nicht." Es geht um mehr als um die Frage, wie viel ich den Bedürftigen geben soll. Natürlich wird Mildtätigkeit nicht verworfen. Das Mitfühlen mit den Armen kann menschlich machen. Es macht auch Kirchengemeinden glaubwürdig. Aber bei den Psalmen handelt es sich nicht um Gesänge von Gläubigen, die auch noch etwas für die übrig haben, die draußen betteln müssen. Denn die Psalmen werden gerade von denen gesungen, die sich außerhalb befinden. Mit Almosen geben sie sich nicht zufrieden, sondern wollen Gott reizen einzugreifen.

Steh auf, HERR! Gott, erhebe deine Hand!
Vergiss die Elenden nicht!
Warum soll der Gottlose Gott lästern
und in seinem Herzen sprechen:
„Du fragst doch nicht danach?"

Du siehst es doch,
denn du schaust das Elend und den Jammer;
es steht in deinen Händen.
Die Armen befehlen es dir;
du bist der Waisen Helfer.

(Psalm 10,12-14)

Die Psalmen erheben die Armen in den Adelsstand. Diese sollen wieder Stimme finden und geachtet werden. Noch mehr! Sie sollen Gott befehlen. Das ist gewaltig. Gott steht auf gegen die, die so tun, als ob es Gott nicht gäbe, die herumhacken auf denen, die nicht alles Glück der Welt vorzuweisen haben. Und der Auftrag dazu kommt von denen, für die die Reichen keine Aufträge übrig haben. Die Armen befehlen es Gott. Von ihnen will er sich etwas sagen lassen, sie sollen ihm Befehle geben.

In den Psalmen werden die Elenden nicht als Empfänger verstanden. Sie sind keine Teilnehmer von Armenspeisungen und Tafeln, damit das Herz des Gebers sagen kann. „Habe ich wieder einmal etwas Gutes getan." Noch einmal: Das ist nicht schlecht, das muss es geben. Nichts zu geben wäre furchtbar. Aber die Elenden tauchen in den Psalmen nicht passiv auf, sie sind keine Empfänger, die sich den Gebern gegenüber bitteschön auch dankbar zu zeigen haben. Sie sind stattdessen mindestens so aktiv wie die, die sich zu den Armen hinabbeugen. Sie werden zu Hauptakteuren der Psalmen, zur Autorität, auf die Gott hört. Die Psalmen singen sich unbescheiden in die Hoffnung ein, dass das Leid sich wendet.

Was heißt es konkret, dass die Elenden zu Autoritäten werden? Ich habe als Gast über mehrere Wochen fast täglich eine

Anlaufstätte für Obdachlose besucht. Nach und nach hörte ich mich in ihre Autorität ein. Was hätte ich selber sagen sollen? Die Männer begannen zu erzählen: Geschichten, wie ich sie bis dahin kaum gehört hatte. Manchmal kam mir Jesus in den Sinn, weil auch er unterwegs gewesen ist. Wenn er Obdach hatte, war es geliehen. Vermutlich konnte auch er so meisterhaft erzählen, weil er gewandert ist und das Elend der Straße erlebte. Als er Zimmermann war, hatte er nämlich noch keine Geschichten von sich gegeben. Den Reichtum, mit dem er auf erzählerische Weise wuchern konnte, wird er im Wandern gefunden haben. Fürst des Lebens wird Jesus genannt, obwohl er kein Fürstentum besaß. Er verfügt über eine Würde, die sich aus seiner Bedürftigkeit speist.

Wenn die Armen Gott befehlen, steht die Welt Kopf. In England haben Pfarrer gefastet, was nicht besonders ist. Allerdings lebten sie allein mit dem Gehalt, das die Geringsten haben. Und das über zwei Monate. Wie anders ist das als jene Art von Kirchenleben, in dem sich Ausbildung an Ausbildung reiht. Qualifikation um Qualifikation wird als Orden an einen bald schon sehr eleganten Anzug geheftet. Fortbildungshäuser glänzen mit zwei warmen Mahlzeiten am Tag, die als nicht zu kleines Buffet ausgebreitet werden. Kirchliche Akademien bieten Schlemmertagungen an, die religionssoziologisch begründet werden. Ich will die Lust am Feiern nicht schmälern, bin kein Missionar des Leidens, sondern kehre selber gerne ein und genieße es, wenn es mir schmeckt. Nur wie ärmlich ist dieses Kirchenleben verglichen mit der Pracht der Psalmen, in denen die Elenden Gott loben und feiern, auch wenn sie weder Schecks, Menüs noch Orden haben. Gelobt wird Gott, weil er die Armen nicht mild beschenken, sondern das Leid verwandeln will. Ausgerechnet den Elenden will Gott gehorchen und setzt sie an die höchste Stelle.

Psalm 113

Halleluja!
Lobet, ihr Knechte des Herrn,
lobet den Namen des Herrn!
Gelobt sei der Name des Herrn
von nun an bis in Ewigkeit!
Vom Aufgang der Sonne bis zu ihrem Niedergang
sei gelobet der Name des Herrn!
Der Herr ist hoch über alle Völker,
seine Herrlichkeit reicht, so weit der Himmel ist.
Wer ist wie der Herr, unser Gott,
im Himmel und auf Erden?
Der oben thront in der Höhe,
der herniederschaut in die Tiefe,
der den Geringen aufrichtet aus dem Staube
und erhöht den Armen aus dem Schmutz,
dass er ihn setze neben die Fürsten,
neben die Fürsten seines Volkes,
der die Unfruchtbare im Hause zu Ehren bringt,
dass sie eine fröhliche Kindermutter wird.
Halleluja!

Es jubeln die Bäume

Die Natur als Stimme Gottes

Manche sagen: „Kitsch!“ Doch ich kann mich nicht entziehen. Wenn die Sonne ihre Farbe wechselt, leuchtet es auch in mir. Wenn sie aufsteigt, regen sich in mir Kräfte, die mich lang gemieden haben. Wenn sie sinkt, beginnt in mir etwas zu flirren. Strandgefühle. Luftgenüsse. Sand an meinen Füßen. Licht, das auch in der Nacht noch in mir weiterschillert. Gewiss, es lässt sich übertreiben: Sonnenuntergänge überall. Auf Werbekarten, Andachtskalendern, Postkarten rot und violett und gelborange. Und trotzdem: Wer im Gebirge die Augen hebt, sie am Meer in die Ferne richtet, am Baggersee mit der Nase in den Duft des Sommers gleitet, kann sich der Natur kaum verschließen. Es ist nicht nur die Sonne, es ist so viel – das Surren in der Luft, das Gezirpe und das überraschte Rascheln im Gras, das Wasser, das mich berühren will. Ich genieße die Rast beim Erklimmen des sich windenden, steilen Pfads, das Trinken im Verschnaufen. Und ich sehe Berge, die in den Himmel ragen – wie zufällig dahingezackt und doch so wunderbar, als sei gerade das geplant. Verspielt und zugleich erhaben ist es, wie sie in die Wolken greifen. Wenn ich in den Sommersee gleite, ziehe ich die Erdenschwere aus. Kurz scheint es, als ob das Wasser für immer tragen würde, ich liege still und blinzle atemlos ins Licht. Dann kommt der Atem wieder, ich weite mich, fange an zu schwimmen und fühle, wie sich die Fesseln des Alltags von mir lösen. Nichts für Stubenhocker! Die Psalmen sind nichts für die, die tagaus, tagein in Büchern lesen oder in Computer starren. Diese Gesänge spielen auf der Klaviatur der Schönheit, die ohne Zweck scheint und die Lust am Überfluss feiert.

Die Himmel erzählen die Ehre Gottes,
und die Feste verkündigt seiner Hände Werk.
Ein Tag sagt's dem andern,
und eine Nacht tut's kund der andern,
ohne Sprache und ohne Worte;
unhörbar ist ihre Stimme.
Ihr Schall geht aus in alle Lande
und ihr Reden bis an die Enden der Welt.
Er hat der Sonne ein Zelt am Himmel gemacht;
sie geht heraus wie ein Bräutigam aus seiner Kammer
und freut sich wie ein Held, zu laufen ihre Bahn.
Sie geht auf an einem Ende des Himmels
und läuft um bis wieder an sein Ende,
und nichts bleibt von ihrer Glut verborgen.

(Psalm 19,2-7)

Die Natur ist der Forschungsgegenstand derer, die sich den Naturwissenschaften verpflichtet fühlen. Zugleich ist sie mehr. Sie spricht in einer Sprache, die jeder lernen kann. Eine Gottessprache ist das. Gott teilt sich auf natürliche Weise mit, teilen die Psalmen mit. Indem sie auf die Natur als Enthüllungsort Gottes verweisen, zeigen sich die Psalmen bescheiden. Sie könnten ja auch sagen: „Nur in der Bibel und damit auch in den Psalmen ist Gottes Stimme zu hören." Aber nicht die Sprache der Worte allein kann Gottes Stimme enthüllen, sondern eben auch, was wortlos geschieht: In der Natur lässt sich Gott entdecken.

Du bist schön und prächtig geschmückt.
Licht ist dein Kleid, das du anhast.
Du breitest den Himmel aus wie einen Teppich;
du baust deine Gemächer über den Wassern.
Du fährst auf den Wolken wie auf einem Wagen
und kommst daher auf den Fittichen des Windes,
der du machst Winde zu deinen Boten
und Feuerflammen zu deinen Dienern.
Du lässest Wasser in den Tälern quellen,
dass sie zwischen den Bergen dahinfließen.
Die Bäume des Herrn stehen voll Saft,
die Zedern des Libanon, die er gepflanzt hat.
(Psalm 104, 1-4.10.16)

Gott spielt in der Natur mit großer Lust. Kein mühsames Gärtnern ist das, sondern lebendig-leicht sind die Ideen. Die Natur ist kein Objekt, sondern atmet, ist lebendig. Bäume sind nach Gott benannt, Winde werden zu seinen Boten. Die Psalmen lehren, gewohnte Augenbilder einzumotten und die Natur aus anderer Perspektive zu schauen. Die Natur ist ohne Zufall, heißt es. Gott hat sie mit Künstlerhand geformt, sein Atem durchströmt alles. Geordnet, nicht chaotisch agiert Gott. Die Erde ist nicht wacklig, zum Zerfallen verdammt. Psalmen wollen das Vertrauen lehren. Die Natur ist ein fester Boden. Wer sich niederlegt, spürt: Er gibt nicht nach. Ich kann nicht fallen und niemand kann mich stürzen.

Herr, wie sind deine Werke so groß und viel!
Du hast sie alle weise geordnet,
und die Erde ist voll deiner Güter.

(Psalm 104,24)

Solch einem Staunen über Größe und Schönheit der Natur wird oft Naivität unterstellt. Rühmen die Psalmen Gottes natürliche Liebe zu inbrünstig und ohne Verstand? Wenn sich Sonnenuntergang an Sonnenuntergang reiht, klingt das entzückend. Doch kann das jemandem einen festen Grund geben, den das Schicksal durcheinanderwirbelt? Vermutlich wird es in seinem Innern dann zu sehr schwanken. Und das ist dann nicht nur ein Gefühl. Denn der Erdboden kann auch messbar wackeln. So versehen Erdbeben die angeblich wunderbar gefügte Ordnung der Schöpfung mit Fragezeichen.

Die Psalmen aber sind nicht naiv, wie einige rauschhafte Passagen annehmen lassen könnten. Sie wissen um die Zornestöne der Natur. Wer Psalmen betet, wird in ihnen bei allem Preis der Schöpfung auch Gefahren lesen. Es ist ehrlicher, als es bei manchem Sommerfest verkündet wird. So werden bei Gottesdiensten im Freien gern Psalmen angestimmt, die die göttliche Natur ausschließlich lieblich loben. Und dann wird erklärt: Jeder Schmetterling, jeder grüne Halm und alles Tiergesumme sind Fingerzeige der Güte Gottes. Überall finde man sie. Die Kuchentheke wird eröffnet. Und ich bin nicht gerade der Letzte, den diese Kuchen begeistern. Und ohne die Freundlichkeit der Natur wären sie auch nicht entstanden. Alles ist gut! Und einen Tag später bekomme ich einen Schock, der die milde Naturerinnerung in Sekundenschnelle übermalt. Erdbeben in der Türkei. Schauerbilder. Oder Stürme, Wasserfluten – das Krachen der Natur. Ich erschrecke und bin ratlos. Davon war bei dem milden Gartenfest keine Rede. Anders die Psalmen, die die milden, aber eben auch gefährlichen Kräfte der Natur schildern. Menschen, Tiere, Pflanzen werden von Gott nicht nur gesättigt.

Es warten alle auf dich,
dass du ihnen Speise gebest zur rechten Zeit.
Wenn du ihnen gibst, so sammeln sie;
wenn du deine Hand auftust,
so werden sie mit Gutem gesättigt.
Verbirgst du dein Angesicht, so erschrecken sie;
nimmst du weg ihren Odem,
so vergehen sie und werden wieder Staub.

(Psalm 104,27-29)

Es kann geschehen, dass Gott sein Angesicht verbirgt. Er teilt freundlich aus, doch es gibt auch Mangel. Gott kann zum Rätsel werden – und die Natur enthüllt ein doppeltes Gesicht. Die Sonne belebt, doch sie kann auch verbrennen. Wind erfrischt und kann zertrümmern. Wasser stillt den Durst und kann überschwemmen. Gott ist niemand, der sich in einem kleinen

Garten betätigt, sondern der Schöpfer der ganzen Erde. Gewaltig. Als er die Erde schuf, war das mehr als nur ein Spiel. Gegen die Mächte des Chaos hatte er zu kämpfen, erzählen die Psalmen.

Du hast das Meer gespalten durch deine Kraft,
zerschmettert die Köpfe der Drachen im Meer.
Du hast dem Leviatan die Köpfe zerschlagen
und ihn zum Fraß gegeben dem wilden Getier.
Du hast Quellen und Bäche hervorbrechen lassen
und ließest starke Ströme versiegen.

(Psalm 74,13-15)

Gott kann beides: Wassermassen auf die Erde werfen, gefahrvolle Ströme aber auch zum Versiegen bringen. Die Sintflutgeschichte wird in den Psalmen aufgegriffen, Bilder jener mythischen Geschichte also, die erzählt, wie Gott die Erde, die er erschaffen hatte, fast zerstörte.

Die Erzählung spiegelt Ängste und Wünsche wider. Die Furcht vor göttlicher Naturbedrohung schwingt mit. Die Psalmen wissen aber auch von dem grünen Zweig, mit dem die Taube Noah in der Arche zeigte: Die Wassermassen der Sintflut verlaufen sich, die Gefahr versickert. So fiel sich Gott selbst in seinen zerstörerischen Arm. Der Regenbogen, den er an den Himmel setzt, verspricht: Gott will nicht für immer wüten. Die Farben des Regenbogens wollen Ängste verwandeln. Wenn die Natur Gewalt spuckt, klagen die Psalmenlieder mit Hilfe der Sintflutgeschichte Gottes Versprechen ein: Wolltest du das Erdreich nicht weiterleben lassen?

Mit Fluten decktest du es wie mit einem Kleide
und die Wasser standen über den Bergen.
Aber vor deinem Schelten flohen sie,
vor deinem Donner fuhren sie dahin.

(Psalm 104,6.7)

Was er früher konnte, wird Gott doch auch jetzt noch schaffen. Er soll das Wasserwüten zur Sanftmut überreden.

Du herrschest über das ungestüme Meer,
du stillest seine Wellen, wenn sie sich erheben.

(Psalm 89,10)

Gott kann den Naturgewalten widerstehen, behaupten die biblischen Lieder. Aber klingt das nicht altbacken, wenn Gott sich persönlich in der Natur zu schaffen macht? Schließlich lässt sich heute vieles ohne Gott gestalten. Die Natur ist nicht mehr russisches Roulette, sodass man alles durch Gott erklären und dieser helfen müsste. Wetterbewegungen lassen sich berechnen, es gibt Warnungen vor Sturm, Orkan und großen Fluten. Gebäude lassen sich erdbebensicher bauen. Wer alle Verantwortung Gott zuschiebt, macht sich kleiner, als er ist. Der Mensch kann sich in die Natur einhören, muss nicht blind in Gefahren laufen und dann sagen: „Gott soll es wieder richten."

Zugleich aber zieht die Erfahrung große Kreise, dass die Natur machtvoller zu sein scheint als man lange glaubte. Disziplinierungen funktionieren schlecht. Aus der Zwangsjacke, die Menschen ihr geschneidert haben, entwindet sie sich fast hämisch. Immer selbstbewusster scheint sie zu werden. Und auch die menschliche Angst vor Katastrophen wird heftiger. Endet die Schöpfung doch im Chaos? War der Regenbogen nur ein Zeichen vorläufiger Ruhe? Vor einigen Jahren waren solche Fragen in vieler Munde. Inzwischen wird über Ökologie außerhalb von offiziellen Papieren, wissenschaftlichen Symposien, Zeitungsseiten und Umweltstiftungen oft geschwiegen. Dabei haben sich die Gefährdungen nun nicht gerade verkleinert. Das freilich könnte gerade der Grund für das Schweigen sein. Ökologie als Sachthema scheint deshalb an Bedeutung zu verlieren, weil es der Schrecken ist, der schweigen lässt. Menschen sind mit Katastrophen überfordert. Ratlos staunen sie über die Kräfte in der Natur, die sich gefährlich rätselhaft gebärden. Natürlich müssten wir etwas tun! Der Zweifel aber fragt: Können wir, selbst wenn wir wollten, die Natur zum Guten ordnen? Also ist man wieder still.

Die Psalmen wollen nicht schweigen. Wenn Kräfte der Natur zu Tage treten, vermissen sie Gott nicht. Sie vermuten seine Kraft gerade auch im Schrecken. Wenn Psalmenbeter zu ertrinken drohen, kommt ihnen in den Wassermassen Gott entgegen, glauben sie. Weil sie ihm Gewaltiges zutrauen, können sie auch zu ihm schreien. Gottes Bild beginnt auf diese Weise zu schillern. Nicht nur fürsorglich ist er, sondern hüllt sich auch in dunkle Wolken. Nicht die Angst ist dabei sein Ziel, sondern das Gegenteil. Denn nur wenn Gott gewaltig ist, kann er Gewalt auch wenden.

Es umfingen mich des Todes Bande
und die Fluten des Verderbens erschreckten mich.
Die Erde bebte und wankte,

und Grundfesten der Berge bewegten sich und bebten,
da er zornig war.
Rauch stieg auf von seiner Nase,
und verzehrend Feuer aus seinem Munde;
Flammen sprühten von ihm aus.
Er neigte den Himmel und fuhr herab,
und Dunkel war unter seinen Füßen.
Er machte Finsternis ringsum zu seinem Zelt;
in schwarzen, dicken Wolken war er verborgen.
Aus dem Glanz vor ihm zogen seine Wolken dahin
mit Hagel und Blitzen.
Der HERR donnerte im Himmel,
und der Höchste ließ seine Stimme erschallen
mit Hagel und Blitzen.
Er schoss seine Pfeile und streute sie aus,
sandte Blitze in Menge und jagte sie dahin.
Da sah man die Tiefen der Wasser
und des Erdbodens Grund ward aufgedeckt
vor deinem Schelten, HERR,
vor dem Odem und Schnauben deines Zornes.
Er streckte seine Hand aus von der Höhe und fasste mich
und zog mich aus großen Wassern.
Er errettete mich von meinen starken Feinden,
von meinen Hassern, die mir zu mächtig waren;
sie überwältigten mich zur Zeit meines Unglücks;
aber der HERR ward meine Zuversicht.
Er führt mich hinaus ins Weite,
er riss mich heraus; denn er hatte Lust zu mir.

(Psalm 18,5.8-10.12-20)

Fast in einem Atemzug werden Gottes Zorn und seine rettende Lust genannt. Gott will nicht aus Lust und Laune zornig sein, sondern gezielt handeln. Im Elend erweist sich seine Kraft, sein Zorn verwandelt. Und Menschen, die von großen Wassern profitieren, wird er in die Schranken weisen. Darauf hoffen die Psalmen, davon lassen sie nicht ab.

Die Schöpfung ist bei ihnen belebt, sie erhält den Atem Gottes. Der Mensch schwingt sich nicht auf, um über sie zu herrschen. Die Natur wird nicht zur Kulisse, in der die Menschheit mit Marionetten spielt und die Naturmächte an Fäden führt. Dabei würde sie sich ohnehin verheddern. Der Mensch wird stattdessen als Teil der Schöpfung gesehen, in die er sich einzuhorchen hat. Die Natur ist keine tote Materie, mit wissenschaftlichen Berechnungen gelangt man nur teilweise auf ihre Spur. Die Psalmenlieder betrachten die Schöpfung musikalisch.

Der Himmel freue sich, und die Erde sei fröhlich,
das Meer brause und was darinnen ist;
das Feld sei fröhlich und alles, was darauf ist;
es sollen jauchzen alle Bäume im Walde
vor dem HERRN; denn er kommt,
denn er kommt, zu richten das Erdreich.

(Psalm 96,11-13)

Wenn die Natur jubelt, kann der Mensch zum Hörer werden. Ich muss nicht selber reden. Komponisten haben ihre Musik manchmal der Natur abgelauscht. Den Gesang der Vögel haben sie in ihre Werke eingeschrieben, auch das Grollen von Gewittern. Die Natur entpuppt sich als Orchester. Sein Klang offenbart sich nicht nur großen Komponisten. Wenn Frühling wird, wechselt die Natur die Tonart und findet wieder Stimme. Plötzlich hören Menschen auf Musik, die sonst keine Musik hören. Die Natur klingt. Wer mit Tieren lebt, kann mit ihnen sprechen und versteht ihre Sprache. Pflanzen leben kraftvoller, wenn sie Zuwendung erfahren, gehen ein, wenn man sich nicht um sie kümmert. Sie sind lebendig, scheinen ein Gespräch zu suchen. Manchen scheint das albern, doch wenn man seine Ohren für natürliche Klänge öffnet, beginnt man auch sich selbst als natürliche Stimme zu entdecken. Man erfährt sich als Teil eines großen, die Welt umziehenden Klangs.

Für die Psalmen fügen sich alle Stimmen zu einer Harmonie. Sie wissen aber um Dissonanzen. Neben Gewissheitsklängen sind auch Zweifel zu hören. Und die Kraft der Zerstörung tritt neben idyllischen Szenen. Wohl deshalb rühmen die Psalmen ungeheuer leidenschaftlich die Schönheit der Natur. Und wer Schönheit findet, kann sie schwer zerstören. Über die Natur herrschen, in ihr herumtrampeln und sie sich gefügig machen? Das fällt dann eher schwer. Und wer die Schöpfung rühmt, beschwört Gott, dass er sich stets an seine regenbogenbunte Treue erinnert.

Psalm 65

Ein Psalmlied Davids, vorzusingen.

Gott, man lobt dich in der Stille zu Zion,
und dir hält man Gelübde.
Du erhörst Gebet;
darum kommt alles Fleisch zu dir.

Unsre Missetat drückt uns hart;
du wollest uns unsre Sünde vergeben.
Wohl dem, den du erwählst und zu dir lässest,
dass er in deinen Vorhöfen wohne;
der hat reichen Trost von deinem Hause,
deinem heiligen Tempel.

In der Stille beginnt das Loben. Und das Loben ist zuallererst ein Hören, kein Gerede an heiliger Stätte. Pausenloses Tönen kann stören und dazu führen, sich die Ohren zu verstopfen. In der Stille beginnt das Loben, das ist Beten einmal anders. Eine Sprache, die Gott vielleicht sogar am liebsten hört.

Erhöre uns nach der wunderbaren Gerechtigkeit,
Gott, unser Heil,
der du bist die Zuversicht aller auf Erden und fern am Meer;
der du die Berge festsetztest in deiner Kraft
und gerüstet bist mit Macht;
der du stillst das Brausen des Meeres,
das Brausen seiner Wellen und das Toben der Völker,
dass sich entsetzen, die an den Enden wohnen,
vor deinen Zeichen.

Gott lullt nicht lieblich ein, sondern stillt machtvoll das Geplärre und Tosen. Ich bin entsetzt und staune: Was ist das nur für eine Stille, die nach dem Donnern kommt! Und leise lerne ich Geborgenheit. Zeitlupenartig esse ich das Brot – wie einer, der sich tief verbeugt: Denn es hat einen langen Werdegang hinter sich, das Getreide ist nicht von heute auf morgen entstanden.

Und im Schmecken besinge ich, wie es manchmal, leider aber nicht immer ist, aber endlich werden muss. Die Natur, die Welt, die Schöpfung – all das ist wunderbar, beginne ich zu summen. Und ich wandere durch eine Landschaft, die Gott mit hellen Farben malt.

Du machst fröhlich, was da lebet im Osten wie im Westen.
Du suchst das Land heim und bewässerst es
und machst es sehr reich;
Gottes Brünnlein hat Wasser die Fülle.
Du lässest ihr Getreide gut geraten;
denn so baust du das Land.
Du tränkst seine Furchen und feuchtest seine Schollen;
mit Regen machst du es weich und segnest sein Gewächs.
Du krönst das Jahr mit deinem Gut,
und deine Fußtapfen triefen von Segen.
Es triefen auch die Auen in der Steppe,
und die Hügel sind erfüllt mit Jubel.
Die Anger sind voller Schafe,
und die Auen stehen dick mit Korn,
dass man jauchzet und singet.

Herzlich lieb bist du und stark

Eine Geborgenheit, die nicht erdrückt

Wenn Kinder weich behütet werden, wirkt das wunderbar. Es scheint, als ob nie etwas passieren könnte. Gestreichelt werden sie und Koseworte dringen in ihre Ohren. Elternstimmen imitieren den Sprösslingsklang und rutschen eine Oktave in die Höhe. Alles wird getan, dass die Kinder die Gunst des Lebens lernen. Bewegungstraining, Musikschulen, Schwimmunterricht und die multilinguale Kindergartengruppe werden aufgesucht. So wünscht man sich, dass sie in ihrem Leben auf wenig Härte treffen. Kein fremder Klang soll die Ohren und Herzen verwirren. Gefahren, die das Leben aufzuweisen hat, will man ihnen ersparen. Sie bekommen ein Kleid angezogen, das sauber, elegant und farbig ist. Am besten soll es niemals schmutzig werden. So wird ein Zaun um sie aufgebaut, damit niemand in ihre Nähe kommt, der an den Haaren zerren könnte. Geborgenheit pur.

Die Sehnsucht nach dieser Art von Obhut umfächelt nicht nur Kinder, sondern magnetisiert auch Erwachsene. Sie ähnelt Weihnachtsleckereien, die dem Gaumen schmeicheln. Der

Nachteil: Wenn ich Marzipankartoffeln esse, wird mir ab einer bestimmten Menge übel. Wenn mich jemand unaufhörlich umsäuselt, regt sich in mir Widerwillen. Und wenn Erwachsene nur noch Kinderstimmen mimen, verspielen sie den Ernst. Ihr Tonfall ist nicht realistisch.

Die Psalmen sehnen sich nach einer Geborgenheit in anderem Gewand. „Herzlich lieb habe ich dich, HERR, meine Stärke!" Einen liebenswerten Gott wollen sie, gekleidet nicht in Süße, sondern in Stärke.

Herzlich lieb habe ich dich, HERR, meine Stärke!
HERR, mein Fels, meine Burg, mein Erretter;
mein Gott, mein Hort, auf den ich traue,
mein Schild und Berg meines Heiles und mein Schutz!
(Psalm 18,2.3)

Gott schützt. Gerade deshalb ist er nicht nur weich. Stein und Eisen bebildern ihn. Ein Hort ist er, aber keiner, in dem nur Kinderlieder gesungen werden. Natürlich ist es gut, wenn Kinder und nicht nur Kinder Urvertrauen haben und das Gefühl: Darauf kann ich mich verlassen. Nicht alles muss ich bezweifeln und in Frage stellen. Wenn mich jedoch permanent Dessertgerichte, Sing-Sang und Samt- und Seideblicke umsorgen, regt sich Widerstand, ich fühle mich eingeengt. Die Rede vom immerwährend Lieblichen fühlt sich an wie ein Zwang, ebenso süß zu sein. Die Psalmen freilich wissen: Das Leben wird nicht nur von Geschichten mit Happy-End durchzogen. Gerade deshalb trauen sie Gott mehr zu als nur Zuckersüße. Das mag befremdlich klingen, weil Gott als Burg auch militärische Assoziationen weckt. Aber was die Beter erleben, ist in der Tat nicht nur süße Menschlichkeit, sondern Angriffswut. Es ist eine Not, die dazu führt, Gott nicht als Kuscheldecke zu begreifen. Er muss schützen können und standhaft sein.

Gott ist unsre Zuversicht und Stärke,
eine Hilfe in den großen Nöten, die uns getroffen haben.
Darum fürchten wir uns nicht,
wenngleich die Welt unterginge
und die Berge mitten ins Meer sänken,
wenngleich das Meer wütete und wallte
und von seinem Ungestüm die Berge einfielen.

(Psalm 46,2-4)

Manche erleben, dass alles wankt. Was als sicher galt, beginnt zu schwanken. Ein Strudel ist das, der einen immer größeren Sog entwickelt. Ich versuche mich zu vergewissern: Da sind die Berge! Es sind Sicherheiten meines Lebens, an ihnen klammere ich mich fest. Der Sog wird kräftiger. In dem Moment, in dem alles zu versinken droht, traue ich mich, die Sicherheiten loszulassen. Plötzlich kann ich schwimmen. Angst und Verkrampfung beginnen sich zu lösen. Und inmitten des Sturms finde ich einen Augenblick Ruhe, der unzerstörbar ist.

Meine Seele ist stille
zu Gott, der mir hilft.
Denn er ist mein Fels, meine Hilfe, mein Schutz,
dass ich gewiss nicht fallen werde.

(Psalm 62,2.3)

Die göttliche Hilfe ist ein Schutz vor Gefahren. Das bedeutet nicht, angesichts der Härten selbst hart werden zu müssen.

Behüte mich wie einen Augapfel im Auge,
beschirme mich unter dem Schatten deiner Flügel
vor den Gottlosen, die mir Gewalt antun,
vor meinen Feinden,
die mir von allen Seiten nach den Leben trachten.

(Psalm 17,8.9)

Kraftvoll soll Gott dazwischentreten. Doch wenn er wiederum nichts anderes als ein Kraftprotz wäre, wäre er behäbig. Um beschützen zu können, muss er sich wandeln können. Als Augapfel wird der Mensch gesehen, was auch etwas über die göttliche Geborgenheit sagt. Ein Augapfel ist empfindlich, sorgsam hat Gott auf ihn zu achten. Bilder wie Burg und Wehr charakterisieren Gottes kraftvolle Hilfe. Aber sie wird auch mit der Leichtigkeit des Vogels verglichen. Gott ist nicht allein „Trutz" und „Trotz", sondern kann auch weich und lebendig sein.

Sei mir gnädig, Gott, sei mir gnädig!
Denn auf dich traut meine Seele,
und unter dem Schatten deiner Flügel habe ich Zuflucht,
bis das Unglück vorübergehe.

(Psalm 57,2)

Die Weichheit Gottes ist keine Geborgenheit, die den Atem raubt. Ein Vogel schützt die Jungen unter seinem Gefieder. Niemand wird ersticken. Außerdem behütet ein Vogel seine Jungen auch, indem er sie zu fliegen und aufzubrechen lehrt. Die Geborgenheit Gottes führt nicht zu einem Rückzug aus der Welt. Dabei signalisiert in den Psalmen nicht nur das Bild des Vogels, dass Gott auch im Aufbruch Wärme vermitteln kann.

Höre, Gott, mein Schreien
und merke auf mein Gebet!
Vom Ende der Erde rufe ich zu dir;
denn mein Herz ist in Angst;
du wollest mich führen auf einen hohen Felsen.
Denn du bist meine Zuversicht,
ein starker Turm vor meinen Feinden.
Lass mich wohnen in deinem Zelte ewiglich
und Zuflucht haben unter deinen Fittichen.
(Psalm 61,2-5)

Im Turm ist Schutz. Aber Gott kann auch jemand sein, der mit mir wandert. Anfangs lebte Israel als ein Volk von Nomaden. Seinen Ursprung hat es nie vergessen. Das Bild des Zeltes vereint Wärme und den Aufbruchswillen. Gemütlich ist es unter den Planen, wissen Kinder, die im Garten ein Zelt errichten. Aber es steht auch für Indianergefahren und Abenteuer. Ähnlich beim Campen. Manchmal flattert der Stoff, mühselig ist es das Zelt aufzubauen, und sein Dach ist dünn. Aber wer in ihm liegt, fühlt sich darin mitunter geborgener als hinter Mauern.

Geborgenheit trägt, wenn beides zusammentrifft: Auf der einen Seite das Gefühl, dass Mauern Sicherheit verschaffen, weil die Welt nicht immer freundlich ist. Auf der anderen Seite gehört zur Geborgenheit auch das Aufbrechen. Ich muss nicht ewig sitzen bleiben, brauche die Welt außerhalb der Mauern nicht zu fliehen. So bin ich geschützt und darf mich trotzdem von der Stelle wegbewegen. In Psalm 23 kommt für viele der Inbegriff göttlicher Geborgenheit zur Sprache. Sie umfasst beides. Gott bietet als Hirte Schutz, man kann sich ganz und gar aufgehoben fühlen. Die Bilder des Psalms zwängen freilich niemals ein, ich kann frei atmen.

Und ob ich schon wanderte im finstern Tal,
fürchte ich kein Unglück;
denn du bist bei mir,
dein Stecken und Stab trösten mich.

(Psalm 23,4)

Gott als Hirte ist ein Bild der Weichheit. Das Bild vermittelt Geborgenheit, wird mir aber nicht zu süß. Denn der Hirte leitet einen auch durch finstere Täler. Das Leben ist ein Wandern, Geborgenheit entfaltet sich auf dem Weg. Gott schützt, doch er zwängt niemanden in einen Bunker. Die Geborgenheit, die die Psalmen Gott zuschreiben, ist keine Flucht- und Gegenwelt. Gott leitet durch Gefahren.

Psalm 91

Wer unter dem Schirm des Höchsten sitzt
und unter dem Schatten des Allmächtigen bleibt,
der spricht zu dem HERRN:
Meine Zuversicht und meine Burg,
mein Gott, auf den ich hoffe.

Im Regen stehe ich und werde nicht nass. Gott ist ein Schirm, der schützt. Er macht gelassen, ist ein „Dennoch“. In seiner Burg fühle ich mich gut aufgehoben. Mich soll das Unglück nicht erobern. Wenn es gegen die Mauern anrennt, wird es Pech und Schwefel abbekommen. Aber was, wenn ich das nicht glauben kann? Dann suche ich nach Zeugen, die versichern:

Denn er errettet dich vom Strick des Jägers
und von der verderblichen Pest.
Er wird dich mit seinen Fittichen decken,
und Zuflucht wirst du haben unter seinen Flügeln.
Seine Wahrheit ist Schirm und Schild,
dass du nicht erschrecken musst vor dem Grauen der Nacht,
vor den Pfeilen, die des Tages fliegen,
vor der Pest, die im Finstern schleicht,
vor der Seuche, die am Mittag Verderben bringt.
Wenn auch tausend fallen zu deiner Seite
und zehntausend zu deiner Rechten,
so wird es doch dich nicht treffen.
Ja, du wirst es mit eigenen Augen sehen
und schauen, wie den Gottlosen vergolten wird.

Gott schützt vor dem Grauen. Die Bilder aber, die das Grauen malen, jagen dennoch Ängste ein. Es wirkt wie ein Horrorfilm. Aber vielleicht kann dieser Film auch entlasten? Denn die dunklen Töne sagen: „Keine deiner Ängste muss dir peinlich sein.“ Wenn ich das Gefühl habe, inmitten des Lebens über Gräber zu gehen, brauche ich mich nicht zu schämen. Es gibt eine Ausgangstür.

Denn der Herr ist deine Zuversicht,
der Höchste ist deine Zuflucht.
Es wird dir kein Übel begegnen,
und keine Plage wird sich deinem Hause nahen.
Denn er hat seinen Engeln befohlen,
dass sie dich behüten auf allen deinen Wegen,
dass sie dich auf den Händen tragen
und du deinen Fuß nicht an einen Stein stoßest.
Über Löwen und Ottern wirst du gehen
und junge Löwen und Drachen niedertreten.

Die Kraft, die in der Gefahr hilft, muss ich mir nicht antrainieren. Ich finde Hände, die mich über Schluchten tragen oder aus der Dunkelheit ins Helle zerren. Noch mehr: Wer Menschen von oben herab betrachtet, sie verhöhnt und Zähne fletscht, wird sie nicht am Boden halten. Was ist das nur für eine verkehrte, ungeahnt ermutigende Welt! Ich kann gehen. Und die mich zerfetzen wollen, haben mit einem Mal stumpfe Zähne. Aber wieso tut Gott das für mich? Seine Antwort:

„Er liebt mich, darum will ich ihn erretten;
er kennt meinen Namen, darum will ich ihn schützen.
Er ruft mich an, darum will ich ihn erhören;
ich bin bei ihm in der Not,
ich will ihn herausreißen und zu Ehren bringen.
Ich will ihn sättigen mit langem Leben
und will ihm zeigen mein Heil."

Politik von unten

Ein König für die Bedrückten

Königskronen gibt es nur noch an Fastnacht oder im Märchenspiel. Die Zeit der Monarchien in Europa ist vorbei, wenigstens in der Form, dass von ihnen entscheidende politische Macht ausginge. Aber wenn in den Psalmen vom Königtum gesprochen wird, handelt es sich nicht um eine spezielle Form politischer Macht. Es geht um die grundsätzlichere Frage, was mein Leben regieren soll und auf wen ich zu hoffen wage. Schließlich bin ich, und das ist menschlich, niemals restlos glücklich. So suche ich nach Figuren, die mir neue Hoffnung geben. Wenn ich die Arbeit von Parlamenten, Gremien und Ausschüssen betrachte, wenn ich mich politisch informiere, dann schöpfe ich mitunter Mut: Da sind unverbrauchte Gesichter, viel versprechende Sätze, Ideen und Konzepte, die etwa nach einer gewonnenen Wahl umgesetzt werden sollen. Dann wird diskutiert, es wird ausgeklügelt, es kommt zu Kompromissen, es entstehen große Kompromisse. Und an Versprechen, die zwei Jahre zuvor getätigt wurden, kann sich kaum jemand mehr erinnern. Natürlich ist Politik kompliziert. Es muss verhandelt, verändert, akribisch gearbeitet werden. Das merkt man bereits in einer Familie, in kleinen Gruppen, wenn man nach einer Einigung sucht. Das demokratische Gehen ist mühsam. Mir ist das lieber, als wenn wenige Menschen unkontrolliert bestimmen und allein entscheiden. Besser diese mühsame Vielstimmigkeit als eine perfekte Einstimmigkeit.

Trotzdem sehne ich mich immer wieder nach einer Änderung der Welt oder zumindest meiner Umgebung. Ich habe träumerische Bilder in mir, die erzählen, wie man gerechter miteinander leben könnte. Von den Regierenden werden diese Bilder nicht erfüllt. Das Raffiniert-Gemeine daran: Politiker spielen zuweilen mit diesen Sehnsüchten, sie geben ihnen Nahrung. „Die Arbeitslosigkeit soll gesenkt werden – nicht nur in unserem Land, sondern in ganz Europa!" Dieses Ziel soll im Zentrum stehen. Die Herrschaft der Herrschenden scheint aber seltsam klein zu sein. Oder haben sie den Mund zu voll genommen?

So suche ich weiter nach charismatischen Figuren, auch außerhalb der Politik. Wenn ich Fußballspieler sehe, erzählen sie gelegentlich von einer wunderbaren Leichtigkeit. Überraschende Finten, gefühlvoll sicher geschlagene Pässe – der Spieler muss ein drittes Auge haben. Ich fühle mich seltsam berührt. Natürlich sage ich nüchtern: Der Sport ist nur ein Bild für das Leben, nicht das Leben selbst. Und doch hoffe ich, dass die Leichtigkeit, die ich im Stadion sehe, sich nicht verflüchtigt, sondern wächst und mich verzaubert. Und dann die Wende – wie aus dem Nichts. Der Spieler, den viele für einen Zauberer halten, ist verletzt, Missmut in der Mannschaft, das Spiel wird ärmlich, kein Ball findet den Fuß des Nächsten mehr, geballte Kläglichkeit. Trübsinn auf den Rängen.

Auch außerhalb des Sports gibt es Menschen, die verzaubern und mit Entschiedenheit dem Leben Licht verschaffen. Es soll einen neuen Anfang geben! Ab jetzt gibt es eine Chefin. Oder im Schulfach Deutsch ist ein neuer Lehrer, der dem Terror Aufsatzschreiben allen Schrecken nimmt: „Ich will wissen, was ihr selber denkt!" Wie viele königliche Hoffnungen blühen auf. Und sterben wieder. Die Neue ist bald gar nicht mehr so neu. Der Zauberer ist ein Mensch. Der, auf dem so viele Hoffnungen ruhen, offenbart Macken. Er kann nicht alle Schmerzen lösen. Menschen können mächtig sein, doch ist ihre Macht begrenzt. Und wieder sucht die Sehnsucht weiter, muss Grenzen immer wieder überschreiten. Ich hoffe auf mehr.

Auf so viel zu hoffen, ist nicht verboten, versichern die Psalmen. Sie können sich selbst kaum mäßigen. Sie besingen eine Königsmacht, die weiter reicht als eine menschliche und damit stets begrenzte Macht. „Der HERR ist in seinem heiligen Tempel, des HERRN Thron ist im Himmel." (Psalm 11,4) Die himmlische Politik Gottes endet nicht auf halber Strecke.

Der HERR ist König; des freue sich das Erdreich
und seien fröhlich die Inseln, soviel ihrer sind.
Wolken und Dunkel sind um ihn her,
Gerechtigkeit und Gericht sind seines Thrones Stütze.

(Psalm 97,1.2)

Gott ist mächtig. Und zwar so sehr, dass seine Macht auch Macht begrenzen kann. Dann entrollt er ein Gegenbild zum dürftigen menschlich-politischen Eifer. Gott kann unpopulär regieren. Die Meinung der Menschen ist ihm nicht egal, doch auf eine Wiederwahl ist er nicht angewiesen. Ausdauernd widmet er sich der Sehnsüchte derer, die es besonders nötig haben. Gott kann es sich leisten, wenn andere deshalb die Nase rümpfen. Er ist unabhängig, ein Richter, der unbestechlich ist. „Gerechtigkeit und Gericht sind seines Thrones Stütze." Er verrückt, was nicht richtig ist. Er tritt entschieden dafür ein, was er verkündet. Und nicht gerade wenige warten auf die Entfaltung seiner Macht.

Machet die Tore weit und die Türen in der Welt hoch,
dass der König der Ehre einziehe!
Wer ist der König der Ehre?
Es ist der HERR, stark und mächtig,
der HERR, mächtig im Streit.

(Psalm 24,7.8)

Dieser König setzt nicht auf wachsweiche Töne. Er ist bereit zum Streit. Wenn überschäumende Sehnsüchte in ständiger Brandung auf ihn rollen, macht das diesen Herrscher nur gieriger, diese zu erfüllen. Des Himmelskönigs Ziel: Dass seine Macht nicht ängstigt, sondern Menschen singen lässt.

Gott fährt auf unter Jauchzen,
der HERR beim Hall der Posaune.
Lobsinget, lobsinget Gott,
lobsinget, lobsinget unserm Könige!
Denn Gott ist König über die ganze Erde;
lobsinget ihm mit Psalmen!

(Psalm 47,6-8)

Allerdings entpuppt sich die göttliche Gegenmacht oft nur als Hoffnung. Denn die Realität beginnt immer wieder zu schmerzen. Da ist noch kein Jubel, aber es soll zum Jubilieren kommen. Die Psalmen hoffen, dass der himmlische König bald kraftvoll handelt. Menschen herrschen, die nichts unternehmen oder wenig unternehmen können. Sie ergreifen nicht Partei für die Wünsche der Sehnsuchtsvollen, der Elenden, Getretenen, Verfolgten, sondern stürzen sie zuweilen noch ins Leiden. Womöglich ist der himmlische Herrscher selbst zu weit von den Leidenden entfernt, weil man ihn sonst nicht immer wieder rufen müsste? Dann sollte er wohl besser von seinem Himmelsthron aufstehen und sich auf der Erde niederlassen.

Tatsächlich kennen die Psalmen neben den königlichen Gottesbildern die Idee, dass die göttliche Macht irdisch werden soll. Die himmlischen Sehnsüchte, die auf den Herrscher gerichtet sind, werden dabei nicht verraten, sondern ihnen wird entsprochen. Ein Mensch wird kommen, der menschlich regiert. Ein Charismatiker, ein Politiker, der die Politik zu dem verwandelt, was alle Menschen brauchen. Wer ist dieser König? Der Kleinste soll es sein. Und aus dem Geschlecht Davids soll er kommen. Nicht zufällig wird er aus dieser Familie kommen. Denn der Hirtenjunge David war der Kleinste von sieben Brüdern aus dem kleinsten Stamm der Israeliten. Geringer geht es nicht. Und David wurde trotzdem König. In seinem Gewand, wünschen die Psalmen, soll sich auch der neue Herrscher kleiden. Die schmerzerfahrenen Sänger der Psalmen sehen in David einen der ihren. Oft genug hat er Verfolgungen erlitten. Aber Gott hat Davids leidgeplagtes Haupt gesalbt. In ihm sollen die Bedrückten himmlischen Glanz verspüren, verspricht Gott.

Ich habe einen Bund geschlossen
mit meinem Auserwählten,
ich habe David, meinem Knechte, geschworen:
Ich will deinem Geschlecht festen Grund geben auf ewig
und deinen Thron bauen für und für.
Ich habe einen Helden erweckt, der helfen soll,
ich habe erhöht einen Auserwählten aus dem Volk.
Ich habe gefunden meinen Knecht David,
ich habe ihn gesalbt mit meinem heiligen Öl.

(Psalm 89,4.5.20.21)

Das heilige Öl entfremdet den König, der kommen wird, nicht vom Alltag. Die Hoffnung, die auf ihm ruht, lässt ihn wiederum wunderbar erscheinen. Er ist ein Herrscher, der Sehnsüchte erfüllen wird und dadurch der gewohnten Realität widerspricht. Trotzdem ist er der kummervollen Wirklichkeit nah, da er durch sie oft genug selbst gekrochen ist. Er will, dass der Schmerz nicht für immer sein Unwesen treibt.

Es ist nicht aus der Luft gegriffen, wenn das Neue Testament in diesem neuen David Jesus entdeckt. „Sohn Davids" wird Jesus oft gerufen. Er sei ein Herrscher, der das Leiden mit himmlischer Fantasie verwandle, erzählen die Evangelien. Zugleich wird er gefoltert, seine Krone besteht aus Dornen. Mächtig ist er in seiner Machtlosigkeit, nah bei den Armen, da er Armut selber kennt. Aufgemacht hat er sich, die Sehnsucht nach der königlichen Figur aus dem Geschlecht Davids zu erfüllen. Wer sich in Jesu Leben einliest, kann eine faszinierende Geschichte entdecken: Die göttliche Königsmacht verlässt den Königsthron, um das Leben königlich zu machen.

Jesus gilt jedoch nicht nur als Adresse einer großen Hoffnung, die in den Psalmen zur Sprache kommen. Er hat auch selber mit den Psalmen gehofft. Er hat auf das Reich gewartet, das er ins Rollen brachte, das aber auch im Himmel hängen blieb. Deswegen warten auch die Christen immer noch, haben sich Jesu Warten angeschlossen. Durch Jesus, glauben sie, haben sie die Himmelsspur entdeckt.

Wer realistisch ist, muss allerdings gestehen: Viel zu selten ist die Erde himmlisch. So hoffen Christen mit den Psalmen: Der Niedrige aus dem Geschlecht Davids wird das Leiden wenden. Die Christen nennen ihn Jesus. Er wird als König wiederkommen. Alles hat er versprochen, aber noch nicht alles eingelöst. Die Psalmen wollen sich Hunger und Durst nach Gerechtigkeit nicht abschwatzen lassen. Feinde sollen mit ihrer Feindschaft ans Ende kommen und Gott sich seiner dunklen Seite entkleiden. Der Tod wird weinen, weil das Leben vor Freude hüpft. Der Glanz der Vergangenheit überzieht die Gegenwart. Die Elenden schütteln sich, aller Staub fällt ab. Gott, Natur und Menschen entdecken wunderbare Töne, die gemeinsam klingen. Geborgenheit wird sein, die atmen lässt. Der König im Auftrag Gottes kommt.

Psalm 72

Von Salomo.

Gott, gib dein Gericht dem König
und deine Gerechtigkeit dem Königssohn,
dass er dein Volk richte mit Gerechtigkeit
und deine Elenden rette.

Lass die Berge Frieden bringen für das Volk
und die Hügel Gerechtigkeit.
Er soll den Elenden im Volk Recht schaffen
und den Armen helfen und die Bedränger zermalmen.
Er soll leben, solange die Sonne scheint
und solange der Mond währt, von Geschlecht zu Geschlecht.

Salomo, dem Sohn Davids, werden diese Worte zugeschrieben. Friedenskönig wird er genannt. Bald soll noch mehr Frieden sein als er selber schaffen konnte. Denn ein König kommt, der mit dem Himmel verbündet ist. Sonne und Mond sind auf seiner Seite. Und man wird nicht mehr vergeblich dürsten.

Er soll herabfahren wie der Regen auf die Aue,
wie die Tropfen, die das Land feuchten.
Zu seinen Zeiten soll blühen die Gerechtigkeit
und großer Friede sein, bis der Mond nicht mehr ist.
Er soll herrschen von einem Meer bis ans andere,
und von dem Strom bis zu den Enden der Erde.
Vor ihm sollen sich neigen die Söhne der Wüste,
und seine Feinde sollen Staub lecken.

Der Friede, der blühen wird, zieht alle an. Vom Meer und aus der Wüste kommen sie. Der König tut aber nicht so, als hätte es Feindschaft, Folter, Krämpfe nicht gegeben. Kein kleiner Friede kommt, sondern kraftvoll wird er sein. Schmerzen werden nicht verschwiegen. Was falsch war, wird berichtigt. Die von Kriegen glanzvoll profitieren, müssen sich von Staub ernähren. Sie legen sich vor dem König der Armen nieder und werden arm.

Die Könige von Tarsis und auf den Inseln
sollen Geschenke bringen,
die Könige aus Saba und Scheba
sollen Gaben senden.
Alle Könige sollen vor ihm niederfallen
und alle Völker ihm dienen.
Denn er wird den Armen erretten, der um Hilfe schreit,
und den Elenden, der keinen Helfer hat.
Er wird gnädig sein den Geringen und Armen,
und den Armen wird er helfen.
Er wird sie aus Bedrückung und Frevel erlösen,
und ihr Blut ist wert geachtet vor ihm.

Der König, der gelitten hat, sieht nicht weg, wenn jemand blutet. Und er kennt auch Verletzungen, die nicht so offensichtlich sind. So muss niemand Schmerzen schlucken, sie sind nicht das Ende. Der König, der kommen wird, ist ein Zauberer, der verwandelt. Den Kräften anderer verschließt er sich nicht, er segnet und bedarf auch selbst des Segens. Und am Ende? Dann kommt die Leichtigkeit: Die Feinde, alle Völker, das Getreide, die Früchte und die Berge werden ihm singen. Niemand leckt mehr Staub. Denn der Staub hat sich verwandelt in eine reiche Ernte. Und die Armen fangen an zu jubeln.

Er soll leben und man soll ihm geben
vom Gold aus Saba.
Man soll immerdar für ihn beten
und ihn täglich segnen.
Voll stehe das Getreide im Land bis oben auf den Bergen;

wie am Libanon rausche seine Frucht.
In den Städten sollen sie grünen
wie das Gras auf Erden.
Sein Name bleibe ewiglich;
solange die Sonne währt, blühe sein Name.
Und durch ihn sollen gesegnet sein alle Völker,
und sie werden ihn preisen.

Anleitung zur Freude

Wie aus Schmerzen Jubel wird

Aller Farben bedienen sich die Psalmen. Mit einer Maltechnik begnügen sie sich nicht. Dick pinseln sie, Kleckse werfen sie auf die Leinwand, mischen Farben, ohne zuvor stundenlang Abhandlungen zum anständigen Mischen von Farben gelesen zu haben. Risse werden in der Leinwand hinterlassen, Farbe spritzt. Mit feiner Feder zeichnen sie, denn Details halten sie des Rampenlichts für würdig. Das Ungestüme bricht immer wieder durch. Keiner Autorität wollen sie sich beugen, die sagt: „So überschäumend geht das nicht." Ihnen ist egal, ob sie bei jedermann ankommen. Ihre Klänge wollen bei Gott ankommen. All jene, die die biblischen Lieder singen, können sich nicht abfinden mit dem, was sie erleben, mit der Ungerechtigkeit, den Erniedrigungen – und dass Gott zu selten spürbar ist.

Ehrlich sind die Psalmen. Mit theologischen Theorien und abgehobenen Gedankenkonstruktionen lassen sie sich nicht abspeisen. Etwa mit der, dass Gott will, dass das Leben leidvoll sei und gerade deshalb wiederum erträglich wird, da er Menschen gern durchs Leiden zu sich führt. Nein, die Psalmen sind entwaffnend einfach. Was brutal ist, wird brutal genannt. Wenn der Tod naht, darf man sich fürchten und beim Abschied traurig sein. Und wenn Gott in der Ferne weilt, wird ihm das dann auch gesagt.

Die Psalmen klagen, weil sie Gott glauben wollen, der sagt: „Ich stehe zu meinen Versprechen." Also schreien die Psalmen, rütteln lieber an Gottes Arm, als Abstriche an ihrer Hoffnung zu machen. Hofften sie nicht mehr, würden sie Gott verkleinern, bis er nur noch mickrig wäre. Nur noch ein Ärmchen hätte er, keinen Arm, geschweige denn, dass dieser ausgereckt wäre, um das Leiden zu beenden.

Die Krämpfe kennen, finden sich in den Klagen wieder. Gesänge aus dem Untergrund des Schmerzes sind die Psalmen, Echos von Zusammenbrüchen. Sie rufen aber nicht ins Martyrium, da sie die Marter des Lebens kennen. Trösten können sie, weil sie mit Lob nicht hudeln. Niemanden schließen die Psalmen vom Glauben aus, weil er etwa nicht glaubenssicher wäre.

Und trotzdem, am meisten begeistert am Buch der Lieder etwas anderes. Trotz ihres Realitätssinns mischen sie nämlich in die dunklen Farben mit Begeisterung helle Töne. Überwiegend aus Klage- und Sehnsuchtsliedern besteht der Psalter. Gegen Ende allerdings verwandelt er sich langsam, aber sicher in einen nicht mehr endenden Lobgesang. Auch schon zu Beginn, innerhalb einzelner Lieder, kann es diesen Umschwung von der Enttäuschung zur Freude geben, aber noch nicht in dieser ungeheuren Größe. Das Buch der Psalmen schließt mit einem glänzenden Finale von fünf Halleluja-Psalmen. Jetzt scheinen selbst die machtvollen Feinde in ein anderes Licht getaucht. Am

Anfang spüren die Gejagten den feindlichen Atem im Nacken, die Gegner setzen ihre Waffen den Betern auf die Brust. Die Folge sind Angst, Wut, drohendes Verstummen und Verwünschungen. Am Ende des Buchs scheinen die Verfolgten zwischen sich und ihren Jägern einige Meter Abstand gelegt zu haben. Nicht mehr in jedem Psalm treiben die Feinde ihr Wesen, machtloser sind sie geworden. Der Blick auf sie scheint manchmal fast gelassen.

Und dann steht nur noch das große Loben auf der Bühne. Die Farben sind so prächtig, wie die Klagetöne zuvor überschäumten. Ein Jubel, der sich in immer neue Höhen schwingt. Gott, mit dem zuvor gerungen, verhandelt, der oft getadelt wurde, darf unglaubliche Dankgesänge hören. Die gewohnheitsmäßig, Tag für Tag und fast routiniert Gott danken, würden möglicherweise nie zu solchem Dank fähig sein. Es sind furiose Töne, die Gott in den Himmel heben, wenn er dort nicht längst schon wäre.

Der Umschlag von der Klage zum Lob lässt wieder atmen. Er bezeugt eine wunderbare Kraft, er begeistert – und ist zugleich rätselhaft. Wie kann das sein, dass die Psalmen diese Wende erfahren? Sie schlagen damit keinen Haken. Die zuvor gesungene Klage verneinen sie also nicht nach dem Motto: „Was vorher war, ist ungesungen. Jetzt gilt, dass wir uns im Lob aalen und zufrieden schauern." Nein, Klage und Lob scheinen auf eine geheimnisvolle Weise miteinander verwoben. So realitätsnah der Schmerzensruf, so lauthals der Jubel.

Dieses geheimnisvolle Ineinander lässt sich auch außerhalb der Psalmen finden. Ich kenne Menschen, die das Leben im Griff haben, wie sie sagen. Nie scheint das Leben ihnen einen

Streich zu spielen. Sie müssen beim Erstellen eines Lebenslaufes kaum gewichten und gestalten. In jedem Fall ist er perfekt und jeder Bewerbung würdig. Aber sie strahlen eine seltsame Unzufriedenheit aus. Das zeigt sich selbst dann, wenn sie betonen, wie glücklich sie doch sind. Eine Spur des Meckerns liegt in ihren Gesichtern. Von ihnen geht eine Grundmelodie aus, die dem Nörgeln ähnelt. Kaum kennen sie Humor, der die Unabwägbarkeiten des Lebens übertölpeln könnte.

Umgekehrt erlebe ich Menschen, die eine Leichtigkeit ausstrahlen, für die es keine nachvollziehbaren Gründe gibt. Fast Sphärisches ist ihnen eigen, obwohl sie fest auf der Erde stehen, vielleicht einmal gekrümmt auf ihr liegen mussten. Hart wurde ihnen mitgespielt, was sie nicht verschweigen. Ohne sich aufzudrängen erzählen einige, wie Gott anscheinend nicht nur Gutes für sie ersonnen hatte. Sie wollen damit nicht erschrecken oder prahlen, sondern fangen an zu loben. Näher seien sie Gott gekommen. Das sagen sie ohne jeden Ton von religiösem Eifer. Ich staune, zu welchem Jubel sie fähig sind! Wie sie sich freuen und genießen können. Wenn sie erzählen, blitzt eine witzige Gelassenheit auf. Ihre Gesichter sind gezeichnet, aber ich finde keine Verbitterung in ihnen. Genau so sind die Psalmen. Die vielleicht schönsten Schöpfungslieder hat Israel im Zusammenbruch gedichtet. Plötzlich ist alles Farbe, die Erde jauchzt. Bäche plätschern, voll steht das Korn, die Bäume und die Tiere sind wunderbar geordnet, die Sterne blinken am Himmel. Die Welt ist ein Haus, in dem es sich vertrauensvoll wohnen lässt. Gott hat alles gut und wohl gestaltet. Naiv mag das klingen. Doch zu diesen Bekenntnissen hat das Volk Israel nicht gefunden, als es sich auf Kissen räkelte. In Trümmern lebte es und sprach von Schönheit. Im Staub hat es gedichtet: Gott hat die Welt wunderbar gestaltet.

Beginnt jedes große Singen mit Klagen? Vielleicht verbirgt sich tatsächlich im Protest die größte Jubelmacht, weil Klagende sich nämlich nicht mit allem einverstanden zeigen. Sie wollen ihre Träume, die Schönheit und ihre himmlischen Wünsche eben nicht verraten. Wer mit Gott streitet, verbittert nicht, da er sich nicht arrangiert. Wer klagt, kann die Verknotungen, die im Innern drohen, entwirren. Wer ständig loben und lachen will, kann hingegen nicht ehrlich sein. Er muss das Dunkle übertönen. So sind die Psalmen nicht. Wer ehrlich ist und klagt, wird nach und nach ins Loben finden – wie von selbst. Im Seufzen und Rufen wird der Schmerz benannt, gebannt, Gott vor- und ihm dann zugeworfen. Der Blick wird frei für das, was trotzdem ist. Genug des Drehens um sich selbst. Man wird neugierig für das andere, für Menschen und für Gottes zauberhafte Schönheit. Wer durch Schluchten und Täler gehen muss, erlebt, dass der Weg weiterführt und sich verwandelt. Wer durch Matsch stapft, glaubt nicht, dass es einmal nicht mehr quatschen wird. Vielleicht ist sie sogar nötig: die Trostlosigkeit. Denn wer in Katastrophen Halt sucht, findet ihn nicht an robusten, grünenden Bäumen. Ihre leuchtende Lebendigkeit hilft dann nicht, sie kann den eigenen Schrecken zuweilen nur noch mehr vor Augen malen, weil man keine Spur Frühling in sich fühlt. Die Wahrheit ist jetzt: Es gibt keinen Halt, die Beine tragen nicht mehr, man muss sich beugen, bücken, in der Asche sitzen. Und das dauert! Trösten kann allenfalls, dass es Menschen und Gesänge gibt, die nicht auf alles eine Antwort haben. Zusammengesunken ist man, unendlich müde. Die Talsohle aber ist auch der Wendepunkt. Nur noch Nichts, die Leere. Und dann? Das Leben beginnt neu zu sprießen. Objektiv mag sich nichts geändert haben. Und doch wird aus der Klage kaum merklich, aber sicher ein neues Atmen. Aufrichten kann sich, wer zuvor hockte. Millimeter um Millimeter, dann ein Recken. Der Genuss: Ich stehe wieder. Ich beginne, kann vielleicht nicht vergessen, muss aber auch nichts verdrängen. Aus der Asche sprießen leuchtend neue Halme.

Das ist kein Rezept, keine Logik, die man herbeizitieren kann. Die Wende von der Klage zum Loben lässt sich nicht befehlen. Man sollte nicht sagen: „Genug der Klage, jetzt muss endlich dein Loben kommen." So treibt man Menschen weiter in die Dunkelheit. Psalmen sind eine kraftvolle Anleitung zur Freude, aber keine, die dazu zwingen will. Sie sind ein Buch der Übung. Das heißt: Niemand muss persönliche Tränen zeigen, bevor er einen Klagepsalm singen darf. Und vor dem Loben muss niemand beweisen, dass er fröhlich ist. Lieder lassen sich anziehen wie Kleider. Sie erlauben eine andere Stimmung einzuüben. So sind viele Menschen dazu erzogen, niemals zu jammern. Die Psalmen erlauben, was ungewöhnlich und befreiend ist. Der Schmerz muss nicht gleichmütig erlitten, sondern darf eingestanden werden – und damit auch die Sehnsucht, dass er sich verwandeln soll. Noch viel mehr jedoch sind die Psalmen Kleider, die zum Loben verführen. Selbst wer Loblieder in trauriger Stimmung zu singen beginnt, kann am Ende oft nicht anders als zu pfeifen. „Wach auf, meine Seele, wach auf, Psalter und Harfe, ich will das Morgenrot wecken!" (Psalm 57,9) Loblieder können in den Morgen führen. Natürlich hat die Erde sich damit nicht in den Himmel verwandelt. Aber der Blick auf sie hat sich gewandelt – und auf sich selbst. Das Leiden fordert eifersüchtig, alle Gedanken nur ihm und immer wieder ihm zu widmen. Die Lobgesänge helfen, diese klägliche Eifersucht auszulachen. Vielleicht lässt sich das Morgenrot eben am besten spielerisch und musikalisch wecken. Es leuchtet viel zu herrlich, als dass sich sein Kommen erzwingen ließe. Dem unverständlichen Leiden muss man ein Schnippchen schlagen, indem man trotzig und lustvoll singt. Das Herz hat natürlich Recht, wenn es traurig ist. Die Freude wird es aber entdecken, wenn es sich nach draußen wendet: „Geh aus, mein Herz, und suche Freud, in dieser lieben Sommerzeit." Der Anfang von Paul Gerhardts Sommerlied leitet zur Freude an, genau wie die Psalmen es tun. Das Herz ist nicht fröhlich, schleicht im Innern umher, findet keine Leichtigkeit. Los, entfalte, weite dich! Es bricht auf, wandern muss es und schauen, es findet den Sommer fern der Innenblicke. Draußen spielt Musik. Das Herz rächt sich am Winter. Auch wenn er noch so heftig mit Schmerzen schlägt, wird er das Herz nie zum Verstummen bringen. Immer kommt der Sommer wieder.

Das Liederbuch der Psalmen führt in den Jubel. Wer es zu üben wagt, kann sich seiner Attraktivität kaum entziehen. Wer singt, beginnt sich zu wandeln. Schritt für Schritt, Ton für Ton. Die Psalmen feiern das Leben – trotz Vergeblichkeit und Kläglichkeit. Sie wollen die Menschen, noch viel mehr, die Welt, das ganze Universum in Erregung bringen. Ein lockender Gesang, der die Dunkelheit mit Freude überlistet.

Und was, wenn ich nicht singen kann? Und wenn meine Stimme klein geworden ist, ich nicht gut reden kann, mir die Ideen fehlen? Keine Angst. Das Loben, das am Ende steht, ist kein kompliziertes Singen. Es ist ein Hören auf den wunderbaren Klang, der die Welt durchwandert. Er ist ein jubelndes Geräuschemachen. Alles, was lebt, kann singen. Mir braucht nichts einzufallen, ich muss nur tönen. Schon der Atem jubelt, und alles, was atmet, ist bereits ein Loben. Kein Ton wird ausgeschlossen, mag es ein Nicken oder Krächzen sein. Ein Lippenplätschern gilt, ich klopfe rhythmisch auf den Tisch. Ein Niesen, jemand fängt zu lachen an. Ich lausche, wie der Wind im Haar beginnt zu musizieren. Der Fuß streicht durch den Sand, der leise rieselt. Über meine Hand gleiten Wassertropfen in stillem Jauchzen.

Psalm 150

Halleluja!
Lobet Gott in seinem Heiligtum,
lobet ihn in der Feste seiner Macht!
Lobet ihn für seine Taten,
lobet ihn in seiner großen Herrlichkeit!
Lobet ihn mit Posaunen,
lobet ihn mit Psalter und Harfen!
Lobet ihn mit Pauken und Reigen,
lobet ihn mit Saiten und Pfeifen!
Lobet ihn mit hellen Zimbeln,
lobet ihn mit klingenden Zimbeln!
Alles, was Odem hat, lobe den HERRN!
Halleluja!

Psalmstellenregister